华为
为什么能

张 绛 —— 著

北京时代华文书局

目　录

第一章　任正非的成长史

第二章　任正非的霸气扬帆史

第三章　任正非的人才观

第四章　任正非的管理观

第五章　任正非的发展观

第六章　任正非的真性情

附　录

推荐序
华为挺住，华为加油！

  不管在深圳东莞市山湖畔还是杭州西溪湿地，这两片数字经济热土上总能碰到不少创业的年轻人。这些终日忙碌、不知疲惫、充满激情的创业青年，俨然已成了一道我国乃至全球互联网、数字经济领域最为靓丽的风景线。清华大学中国创业研究中心曾做过调查统计："一个企业家，最佳的创业年纪是 26 ~ 35 岁。"赤裸裸的现实告诉我们：干事业，一定要趁早！

  在当下中国这种充满压力的竞争环境里，尤为如此。一个人过了青年时期再创业，他的创业之路几乎等于 0。

  然而，44 岁的任正非却颠覆了这个认知。他从深圳南油集团副总经理，一落千丈为负债百万的失业者，此时妻子离去，遭遇事业、家庭双重打击下的他，还上有父母，下有 6 个弟妹要照顾。那情那境，他的心情，我们无法想象……

  这是一个沿袭了军人钢铁意志的硬汉，他没有被残酷的现实击垮，反而以傲人的毅力实现了人生的颠覆，正如有句话讲："真正衡量一个人成功的标准，不是这个人站在顶峰的时候，而是看他从顶峰跌落谷底的反弹力。"

任正非，他做到了！

凭借 2.1 万元的资金，从三无小企业起步，到如今的广纳人才、设立人人股份制、重金钻研科技、采取狼性战略、布局国际市场、与跨国公司屡次交战的世界 500 强企业，这个过程，只用了 20 多年……

扎硬营，打死仗，任正非的一生充满传奇色彩。曾经的华为如此不起眼，今日的华为却牵动亿万国人的心。5G 技术的全球领先，引起了美国的制裁和打压，大女儿孟晚舟以莫须有的罪名被控于加拿大，至今无法脱身。美国的霸权行径背后透露出什么？在美国人的逻辑中，从来不会允许哪个国家的企业可以与它叫板。而如今，美国人一家独大的优势不复存在了，美国慌了，华为强大了！

不同于美国的霸权主义，华为一直反对的都是吃独食、搞垄断，华为的战略从来不是把对手消灭得干干净净，而是代之以东方的哲学智慧：合作共赢。华为从合作伙伴那里采购产品，如美国美光的 NAND，三星提供的屏幕，英国 ARM 公司的芯片等。

真正的强者从来不畏惧超越，因为只有被超越，才能激发斗志，才能创造佳绩。华为迫不得已，被推向世界大舞台，这与任正非一直以来的低调做派背道而驰。孟晚舟的命运，牵动了无数国人的心。一个饱经沧桑的老人，用他独特的方式表达对女儿的关心——从来不接受媒体采访的他，接受了部分媒体的采访。华为的崛起，成了外国跨国公司的灾难，也成了孟晚舟和华为的"灾难"，全世界多少眼球都在密切关注它的未来和发展。

"将相本无种，男儿当自强。"我相信，世界终将会向那些有目标和远见的人让路。

2019 年，华为公布，消费终端领域，占国内市场第一名，全球范围内第二名，超越苹果，仅次于三星；在通信设备市场，超越爱立信和诺基亚，成为当之无愧的老大。它拥有最多的专利数量，签署超 50 个 5G 合同，全球三分之二的 5G 商用网络由华为部署。

2020 年，财报披露，华为的研发投入为 1418.931 亿元，营收 4540 亿元，占中国 GDP 0.88%。华为员工的平均薪酬是 70.6 万元，纳税 1010 亿元。须知，GDP 提升的每一个点，都意味着新增 100～130 万就业岗位，关乎着百万家庭的生计问题。这一年，华为手机市场在国内第一，1 亿 8900 万的供货量在全球第三，仅次于三星和苹果。

华为的业务早已经遍及全球（除美国外），是第一家全球化的中国公司，从前，人们谈到中国品牌企业，也许说不出几个，但现在，世界各国都知道华为。华为将中国的文化、商业、创新和优质产品，源源不断地输送到世界各地，在战乱频仍的地区，它更是成为当地人遇险后的第一求助对象。《世界周报》的记者戈德曼说，中国在经济扩张和发展成为世界经济强国的过程中，华为就像一支长枪的枪尖，而这支枪尖将突破西方世界的封锁。

在任正非身上，始终体现出中华民族的"生于忧患，死于安乐"意识。国内的其他许多企业，一直没有跳出思维惯性，认为"造不如买"，代价太大，成本太高，别人的东西用得很好，为什么要自己花重金研发呢？这样的公司看似不断壮大，可真的有一天，核心技术被西方国家卡住，就会变得不堪一击。而华为立足于长远的战略思维，始终将芯片研发作为重点，事实证明，这是个英明的决定，美国开始制裁华为时，对标谷歌安卓系统的鸿蒙系统横空出世，先不谈其影响力如何，至少使它于泰山崩前而屹立于世。

外有美国霸权制裁、打压，内有国内市场的激烈角逐，2021年的华为，显然不如从前好过。从宣布芯片告急，到积极寻找解决方案，依然没有找到一个最好的结果。轮值董事长徐直军说："美国的三轮制裁，对华为的伤害很大，并且还有持续性伤害……"指望美国短期内解禁不太可能，能否破局，重回巅峰，将是对华为的下一轮艰难考验。

在一个遥远的地方，有一种深受当地人喜爱的花，人们把它编成一首诗："春天的花朵，踏着冰雪向我们走来，无名的花朵，它带给人们多少吉祥、快乐和幸福……"现在的华为就好像这一朵不畏严寒、勇敢吐露新芽的花朵，它向我们展示的正是中华民族不屈不挠的奋斗精神，我们希望它"不仅要活下去，还要活得更好一些"。

华为挺住，华为加油！

阿里巴巴商学院章剑林

于杭州西溪湿地

2021年7月31日

自序
祝福华为，国之骄傲

2019 年是属于华为的一年，这一年，华为如凤凰涅槃，令世界为之瞩目。随着中美贸易战不断升级，华为女儿孟晚舟无辜被捕入狱，特朗普一声令下，美国以举国之力宣布封杀华为。

而仅仅不到两个月的时间，信誓旦旦要联合歼灭华为的特朗普则迅速败下阵来。紧接着，世界人民看到了华为 5G 振奋人心的一幕，它以悄无声息的姿势屹立于令世界瞩目的企业之列。

随着英国梅首相的带头"拒绝"，以及美国真人秀节目主持人对自家总统特朗普的公然嘲讽，全世界的人们皆知美国封杀华为的险恶用心，更重要的是，美国不得不承认，华为已经从默默无名，成长为当今世界 5G 领域不可小觑的黑马。以万分霸道而野蛮的方式，干掉别国强大的竞争对手，是美国一贯的伎俩。这在之前或许还能做到，但特朗普遇到华为，就显得无能为力了。世界的人们看到了华为的优势，以及对自身利益的攸关度，正所谓"树欲静而风不止"，没有人再为特朗普的"发狂"而盲目抵制了。面对华为强悍的技术，德国、法国、葡萄牙等国，纷纷向它伸出了橄榄枝。

从寂寂无名的民营企业，成长为参天大树，不鸣则已，一鸣惊人。而之所以能取得今天这样傲然的成绩，与任正非的领导与管理是分不开的。

任正非常说，企业发展就是要发展一批狼。狼有三大特性：一是敏锐的嗅觉；二是不屈不挠、奋不顾身的进攻精神；三是群体奋斗的意识。在他的"狼性文化"影响下，华为的敏锐、进攻、群体攻坚被演绎得淋漓尽致。

"有志者，事竟成，破釜沉舟，百二秦关终属楚。苦心人，天不负，卧薪尝胆，三千越甲可吞吴。"沙拉斯特说，"每个人都是自己命运的建筑师"，华为的命运，正把握在任正非坚忍不拔的性格当中。

在任正非身上深刻体现着一种永不服输的精神，他是毛泽东思想的追随者，是探寻弱者如何战胜强者的使命人。回顾华为几十年的风雨历程，不正是一部这样的历史剧吗？

军人出身的任正非，在部队期间就是"学毛标兵"，他最爱研读毛泽东著作，喜欢引用毛泽东的论述，在他的书桌上，常年放着一套《毛泽东选集》，他说话做事、管理公司等所有的方式方法，几乎都带有浓郁的毛泽东风格。

华为的创立，正是中国第一代民营企业创业的艰难时期，没有可利用的资源，没有广泛的社会关系，没有充足的资金作后盾，仅凭2.1万元创业的民营公司，前有跨国公司拦路，后有国有企业阻挠，在如此困境中异军突围，华为靠的就是学习毛泽东思想"农村包围城市，逐步占领城市"的市场策略，在市场攻坚战中，要么不做，要做就集中火力，在一个点上不惜一切代价突破。

华为每年的公司内部大会，都会发起"华为兴亡，我的责任"的企业文化大讨论，实事求是地解决公司当前面临的问题，并号召全体员工提出解决问题的办法，实现精神运动大讨论。

《华为基本法》也是任正非非常重视的环节之一，是专门请著名专家拟定，在"基本法"的引领下，华为上上下下团结一致，同仇敌忾。身为华为总舵主，任正非更是以身作则，始终提倡"反骄破满，在思想上艰苦奋斗"，用自愿降薪、走进群众等柔性制度来实现公司的每一次"逢凶化吉"。

所以说，华为能走上成功，绝对与任正非的领导有直接关系，也是他灵活运用毛泽东战略战术的生动体现。在华为，任正非绝对是灵魂人物，无论何人，哪怕是从公司辞职的，提起任正非，也都是满心佩服。

也曾"人到中年不如狗"：全家9口人挤在简陋的棚屋里、离婚、负债、四面楚歌，但过尽千帆，他更加从容、淡定。吃饭简单，穿着朴素，看上去只不过是一个朴实的普通人。在他身上，"光鲜"这个词似乎从来都是多余的。

2000年，《福布斯》杂志曾估计任正非的个人身价为5.4亿美元，位列大陆富豪榜第3名。当得知这一报道后，任正非立即与时任香港《福布斯》杂志的亚洲主编胡润"协商"，从此，任正非这个名字，再也没有出现在富豪排行榜中。

除此之外，任正非也不接受媒体采访，甚至不惜得罪媒体。曾有深圳某报社的记者未经华为同意，从内部获取消息，提前发布了一篇关于华为的报道，结果次日就被律师找上门来。

任正非坚守的就是低调，对于毁誉，他皆默然。这份淡漠的气度，非一般人所能及。

经历了无数风雨，却始终是一个理想主义者。20多年来，任正非几乎踏遍了全球，与政治家、科学家、学者、商业巨子、艺术家乃至僧侣等各种人物接触，豪迈地奔赴在理想的宏图伟业中。

如今，华为已拥有700多名数学家、800多名物理学家、120多名化学家、6000多名基础研究专家，以及60000多名工程师组成的研发团队，每年投入的研发经费高达200亿美元，成为全世界拥有专利最多的企业，远远将竞争对手抛于身后。

从"三无"企业（无资金、无技术、无身份），到世界500强，华为的进步史，堪称一部传奇剧。人们对于华为及任正非个人都怀有太多的好奇心、钦佩心，当你打开这本书，愿你走近他、了解他。一起祝愿我们的民族品牌，越走越好。

2021年8月30日

第一章

任正非的

成长史

艰难岁月，成就男儿本色

> 我对得起国家，对得起公司，对得起员工，我就是对不起我的父母。我对国家问心无愧，对公司无愧，对父母有愧。为了公司的发展，我牺牲掉我自己作为儿子的尽孝责任。
>
> ——任正非

2016 年 4 月，一个很普通的日子，在上海虹桥机场却引起了一阵骚动。网友争相把一个男人的照片传到互联网上。这个人穿着一件白衬衫，正在排队等候出租车。只见他一手扶着行李箱，一手正在打电话。

依旧是在本月，有人在微博曝光他在食堂排队打饭的照片，一个人领完餐后，又一个人端着盘子去吃饭。

同年 9 月，这位打电话的和蔼的网红大叔，竟出现在田间地头，头戴草帽，身着白衬衫和蓝白相间的短裤，正跟乡民围坐在一张饭桌上，吃饭喝酒，合影留念。

这位低调而爱穿白衬衫的大叔并不是别人，正是商界传奇人物——任正非。

任正非，华为技术有限公司的创始人兼总裁，2011 年以 11 亿美元进入福布斯富豪榜，排名中国第 92 名；2012 年，《财富》杂志评选他为"中国最具影响力的 50 位商界领袖"榜单第 1 名，2013 年蝉联冠军；2015 年荣获"中国互联网 2014 年度人物"；2016 年，位列"中国最具影响力的 50 位商界领袖"第 2 名。

如今，众所周知的全球巨擘任正非，出身农村、家境贫寒、最大心愿就是能吃上一块白面馒头、曾负债 200 万元、44 岁离婚，几乎走投无路。他在找工作四处碰壁的情况下，自己筹资 2.1 万元创立了"深圳华为技术有限公司"，靠着代理香港某公司的程控交换机获得人生第一桶金，随后自主研发技术，凭借顽强的毅力，以及永不服输的倔强精神，将华为从一个默默无闻的小作坊，发展成为世界级跨国公司。

任正非常挂在嘴边的一句话就是："吃苦耐劳不死人，只要肯吃苦，没得办不成的事。"只能说，贫穷使他具备比一般人更硬的脊梁骨，知穷而后勇，不屈不挠。

每个人的命运形成，都有其与众不同的独特性。各种不同的境遇，会让不同的人做出不同的人生选择，正是这种选择，使人各有差别，并赋予每个人存在的意义。

如今的任正非万众瞩目，熠熠闪光，而追溯本源，对任正非的人生产生重要影响的，是他的父母，是他们用一生的温情，滋润他茁壮成长。那些在艰辛岁月中的磨砺，成就了今天与众不同、坚韧不拔的他。

任正非祖籍浙江省金华市浦江县黄宅镇任店村。黄宅镇是浦江的第一大镇，前有浦江清澈秀丽，后有官岩山龙腾虎跃。依山傍水的乡村，景色宜人。任姓是村里的大姓，他的爷爷任三和曾是村里有名的腌制金华火腿的大师傅；父亲任木生，字摩逊，是村里第一个大学生，就读于北京大学平民学校经济系，聪明能干，又正直博学；母亲程远昭是贵州山区的一名数学教师。

任正非幼时家境十分贫寒，兄弟姊妹共7人，他是老大。这种状况下，他的父母却立志要让每个孩子都有书读，他们省吃俭用，四处借钱也要供孩子读书，并且经常教导他"知识改变命运""知识就是力量，别人不学，你要学，不要随大流，以后有能力要帮助弟弟妹妹"，这些话对他日后的工作、生活都产生了潜移默化的影响。

任正非的童年是在下河摸鱼、上树捕鸟、跟小伙伴玩丢沙包的游戏中度过的。顽皮的他在山村小学读书时，由于教室简陋，夏天蚊虫飞咬，又闷又热，冬天四处漏风，天寒地冻，曾让他滋生了厌学情绪。

为了鼓励他刻苦读书，母亲程远昭想到了为他讲故事的好办法。她把故事分为好多段，每次讲到关键处便戛然而止，让意犹未尽的任正非着急不已。为了听下面的故事，他必须好好学习，取得优异成绩，才能换来母亲讲下半段故事。

就这样，任正非的小学成绩一直名列前茅，小小年纪，就表现出比同龄人更多的深刻、睿智和成熟。他总是在同伴们争辩得不可开交的时候，镇定自若地做那个说话一针见血的人。

母亲告诉他，"大力神"之所以能成名，就是因为他为人类做了许多有益的事。小小年纪的任正非就下定决心，将来要做个对社会有用的人。

喜欢读书的爱好拜母亲所赐，升入中学后，任正非有次偶然读到李清照的《夏日绝句》："生当作人杰，死亦为鬼雄。至今思项羽，不肯过江东。"他对偏安一隅的懦夫产生了鄙夷心理，英雄情结也开始蔓延。

层峦叠嶂的贵州是个"天无三日晴，地无三尺平，人无三分银"的地方，一年四季都是阴雨天气，不仅不适于农耕，也阻碍了经济的发展，而且容易出现严重灾荒。任正非读到高中时，家里已经吃不起饭了。

为了一家 9 口人不被饿死，他的父母开山种地，撒种南瓜，并用沸水煮美人蕉的根来充饥。那种苦涩难咽的饭菜，对任正非来说却是甘甜美味的佳肴。

正在长身体、读高中的任正非急需营养补充，制定每人都不能吃饱的严格"分餐制"的父母，为了不让任正非饿得昏昏沉沉去读书，刻意从自己及任正非的弟弟妹妹口中"抠"出来一个小小的玉米饼，每天早上给任正非补充能量。对于这份恩情，任正非说他终生难忘，无以报答。

带着父母的良苦用心，任正非不负众望，考上了重庆建筑工程学院，学习暖通专业。当时的重庆建筑工程学院，是我国八所老牌建筑名校之一。为了让儿子穿得好看一些，母亲程远昭亲手缝制了两件新衬衫给他。而这两件衬衫，却是全家省吃俭用、弟弟妹妹要挨上很长一段时间的饥饿换来的。同时陪伴他的，还有一件拼接的旧被单。当时他们家贫寒到只能三个人合盖一张被子，被子下面铺满了稻草。

"慈母手中线，游子身上衣。临行密密缝，意恐迟迟归。谁言寸草心，报得三春晖。"这春晖般的慈母恩情，让任正非铭记于心。载着这份厚重的爱，任正非深知自己已经成为家里的顶梁柱，他必须像黑夜中行驶的巨轮一样勇往直前，才能回报为他付出的亲人。

任正非读大学的时候，正值"文革"时期，其父任摩逊不幸被打成右派，针对其父的批斗一场又一场。即使在这种情况下，家人也没有告知，而是刻意隐瞒在外求学的他。而当任正非得知父亲正在接受批判时，他立刻离开学校，心急如焚地爬上火车，因为买不起火车票，只好偷偷躲在车厢的角落里。

列车员看他穿着干净且气质不凡，就质疑他并非普通的工人或农民子弟，经过一番审问，得知任正非的父亲是老师、自己正在上学的情况后，他们毫不留情地把他推下了火车。无奈之下，他只好步行回家。父子相见分外心酸，他还没来得及询问父亲的身体状况，就被父母焦急地"教训"道："正非，你回来得不是时候，赶紧回去。"

对于一日不见如隔三秋的亲人，泪眼蒙眬、嘘寒问暖都还没来得及，任正非就被父母坚决地赶走了。他们都明白，如果任正非不走，将会受牵连，他的几个弟弟妹妹就是因此失去了上学的资格。

临别前，父亲将自己穿的唯一一双翻毛皮鞋塞给了任正非，而他自己仍要继续在冰冷潮湿的泥水里日复一日地干苦力活。

多年后的任正非说："我对得起国家，对得起公司，对得起员工，我就是对不起我的父母。我对国家问心无愧，对公司无愧，对父母有愧。为了公司的发展，我牺牲掉我自己作为儿子的尽孝责任。"

回眸岁月深处，他独自伫立在公司的大楼前，当初的一幕幕如同电影的片段在眼前浮现，清晰明了，催人泪下。他觉得那个时候的自己，实在太不懂事了。然而就是这种愧疚的心理支撑着他，造就了他不忘本的淳朴与厚道。

1996年，为了和南斯拉夫洽谈合资项目，任正非率领十多人的团队入住贝尔格莱德的香格里拉酒店。在那里，他订了一间总统套房，每天的房费是2000美元左右，但这个房间并非他一人独处，而是和团队成员一起打地铺。

2015年，华为的销售额已经达到近4000亿元，净利润达369亿元，但我们依旧可以鲜明地感受到，任正非骨子里潜藏着的那股朴实无华的气质。他不奢靡，不浮躁，也不张扬，脚踏实地保持着他独特的风采。在人群中，你会发现，他是最普通的，低调内敛，毫不起眼；但他一抬头，迎面过来，你会瞬间被震撼，这并非源于他的财富，而是一种对人生、对生活彰显出来的气魄，那是一种过尽千帆的从容、淡定、执着和豁达，更是一个人超凡脱俗的精神力量。

孟子曰："故天将降大任于是人也，必先苦其心志，劳其筋骨，饿其体肤，空乏其身，行拂乱其所为，所以动心忍性，增益其所不能。……"屈原被放逐后写了《离骚》；孙膑被迫害后编了《孙膑兵法》；司马迁受宫刑后花十四年完成了《史记》；苏轼经历"乌台诗案"，留下千古名词《念奴娇·赤壁怀古》……如果不知人间冷暖，不经酸甜苦辣，又如何洞察人性，体悟世界？任正非的财富是他用汗水和无数艰难困苦拼搏换来的，对于这样的人，我们怎能不心生敬畏！

走进部队，走出部队

> 每当战友们一起见面时，他们总是赞扬我，我就很惭愧，我说我任正非是一个逃兵。
>
> ——任正非

日月如梭，光阴似箭。转眼间，任正非已经大学毕业，他面临找工作、承担照顾家庭的责任。铸剑师十年磨一剑，"剑快至倚天"，在大学时代如饥似渴博览群书的任正非，终于可以踏入社会，大展宏图了。

"文革"让父亲饱受摧残，这也间接成了任正非人生的一次洗礼，让他逐渐成熟起来，他再也不是一个只会读书的书呆子了。他很清醒地意识到，"一个人再有本事，也得获得社会主流价值的认同，才能有机会"。1967年毕业的他，很幸运地应征入伍，成了一名解放军战士。

入伍不久，由于技术突出，他当上了通信兵。随后被调入贵州安顺一个飞机制造厂，参与开发一项重要的军事通信系统工程。

他所在的工程部队成立于1966年，是解放军的一个新兵种，负责国家基础建设重点工程和国防施工任务。任正非在这里继续发挥刻苦钻研的精神，取得多项技术发明，两次填补了国家相关领域空白，得到领导和战友的一致好评。

由于出身问题，虽然发明创造不断，他却从未受过嘉奖。对此，任正非说："我习惯了不得奖的平静生活，这也培养了我今天不争荣誉的心理素质。"正因为拥有这种淡泊而又坚忍的心态，注定了以后在华为创业的漫长道路上，任正非一定不是一个汲汲于功名、经不起打击和挫败的人。

贵州山沟里是绵延不断的崎岖山路，工作环境十分艰苦，但在这里，凭着一股韧劲，任正非陆续完成了包括总装厂、飞机洞库、试验场地等在内的几十个建设项目。1970年，他参与研制的该厂制造的第一架飞机试飞成功，为我国航天事业的发展添砖加瓦。

在这里，闲暇之余，任正非喜欢读毛泽东的著作。他把《毛泽东选集》认真读完了，毛主席思想的精髓与深刻，深深地烙印在他的脑海中。这也为日后华为企业文化的形成提供了借鉴。而在部队里养成的勤俭刻苦、性格刚毅等优秀品质，又成为他经营和管理华为的一种印记。

也是在这里，任正非的爱情开了花，他结了婚，爱情的滋润让他更加努力成为一名铮铮男儿。33岁那年，任正非由于在一系列活动中的崭露头角，又恰逢中央军委提出重视高科技的意见，他因为有技术发明，各种奖项忽然接踵而至。他还加入了中国共产党，而他父亲的冤案也终于得到平反。他作为代表来到北京，参加了全国科学大会，6000多名代表中，只有150人在35岁以下，可见那时的任正非是多么受单位器重，是多么意气风发。

如果时代的浪潮没有翻波涌浪，也许以他的资历还可以在部队里继续驰骋。但是，1983 年，任正非的军旅生涯走到了尽头。根据国民经济调整和国家体制、军队体制的改革要求，党中央最终决定撤销中国人民解放军基础建设工程兵部队。

就这样，任正非光荣退伍了。一路风尘走来，他在部队待了 14 个年头，他对这里有万般不舍和眷恋，这里如同他的衣服，他并不舍得以旧换新。他的心情是悲伤的。

他在部队是技术骨干，领导希望他能留下来，并把他转到另一个科研基地。于是任正非带着妻子和一双儿女，来到领导安排的科研基地。这里四面环山，风萧萧兮易水寒。他的大女儿忽然说："父亲，这地方好荒凉。""父亲，将来我要考不上大学，你要为我的前程负责。"女儿这句话刺痛了任正非，他顿时心生愧疚。

举目四望，这将会是他终生到老的安息之所吗？也许他可以不在乎，但作为一个父亲，一个丈夫，他还要妻子儿女继续在这里受苦吗？扪心自问，他不舍得。

那一瞬间，任正非决定为了家人，离开部队。带着恋恋不舍的矛盾心情，他选择了转业。

20 世纪 80 年代是个淘金的年代，人人都想着下海，想在最沸腾的时代挣到自己人生的"第一桶金"。任正非决定前往深圳，在那个毗邻香港的城市里大显身手，开创未来。

他的妻子此时已先他一步来到了深圳南油集团，并担任了高管。南油集团是当时深圳综合实力最强的企业，为特区发展贡献了巨大的力量。加入南油集团后，任正非发觉部队里的淳朴务实作风，跟这里的现实、唯利是图形成了巨大的反差。淳厚、耿直、朴实的性格使他在这里免不了栽跟头。他看不惯一些领导得过且过的行为，于是给公司老总立下"军令状"，要求把公司旗下的一个子公司交给他来管理。

热情换来的只是冷漠，领导并没有批准他的申请。但为了安抚他的激情澎湃，老总让他去下面的一家电子公司任副总经理。习惯了爽直、慷慨、坦诚的汉子，对商业陷阱毫无防备，在一些同事眼里，他就是一个木头，一个大傻瓜。果然，没过多久，任正非就被人骗了。

一笔 200 万元的贷款收不上来，20 世纪 80 年代末的 200 万元是个什么概念？公司遭受了巨大损失，很显然，任正非必须引咎辞职。

基于犯下这样的错误，又有哪个企业敢大胆聘用他？连续碰壁多次后，他心灰意冷。

屋漏偏逢连夜雨。就在此时，妻子也与他离婚了。他独自一人要赡养年迈的父母，兼顾 6 个弟弟妹妹的生活，还要养一对儿女。彼时 44 岁的任正非头一次感受到人生是多么凄凉，他好像一叶浮萍，随风飘荡，找不到安身立命之所。人生无常，对他来说，苦远远多于乐。

但军人骨子里的那份坚毅此时又从他的胸膛里蹦了出来，他决不能一蹶不振。就在这种情况下，遭遇中年危机的任正非强忍住内心的无限痛苦，决定跟这悲摧的命运"赌一次"！

最终，我们看到了华为的诞生，看到了中国顶尖科技企业的诞生。

任正非就像是一棵草，一棵生长在非洲大地的尖毛草。

起初是那么卑微渺小，完全不具备吸睛能力，但是日后却让人目瞪口呆，五体佩服。

这种草在最初的半年里几乎看不到它的生长，它是草原上最矮的草，只有一寸高，但半年后，当雨水来临，它便像被施了魔法一样疯狂生长，只用三五天的时间，就能长到两米的高度。科学研究表明，尖毛草其实一直在生长，但它不是在长身体，而是在长根茎。在长达六个月的时间里，尖毛草的根会长到超过28米，无声地为自己的将来做准备。

稳扎根基、厚积薄发、任重道远，漫漫人生路，吾将上下而求索。就像任正非对华为公司名字的含义解释得那样："华为华为，中华有为。"也像他父亲对他的期待那样："人世间充满了是是非非，究竟何为正，何为非？真的需要一个人用一辈子去研究、去领悟，只要将是是非非悟透，那么，你就能成为一个对国家、对社会、对世界都有用的人。"

勇闯江湖，横空出世

华为一定要研制出自己品牌的交换机！今天如果研发
不出我们需要的技术产品，我就要从这窗口跳下去。

——任正非

我们常说，"有心栽花花不开，无心插柳柳成荫"，如果
从一开始，任正非就选择自主创业，也许他依然会成功，过
着颇为富足且安逸的小康生活，一家人其乐融融。但他不见
得能有今天如此大的成就，也不见得能深刻体会到那种濒临
绝境时的孤独无助与万分挣扎。正是因为这些生命历程中的
所有不可预知、坎坷挫折，才让他厚积薄发，有了今天的事
业与辉煌。所有这些苦难，无疑都是他人生最宝贵的财富。

回首萧瑟处，也无风雨也无晴。对于这些艰难的过往，
任正非应该是感念而珍惜的。毕竟人在一无所有时，表面上
看，就像一个饥寒交迫的困顿潦倒者，但其实，这个时期的
人，也是最强大、最无敌的。因为一无所有，所以义无反顾。
一个人自身究竟具有多大的潜力，不到万不得已时，很多时
候连自己也不知道。

世界上没有完全相同的两片叶子，人的能力也各不相同。

但不论一个人的潜力有多大，有一点可以肯定的是，假设你拥有一种信念，不愿被生活所打倒，100 次失败还想着第 101 次站起来，那么总有一天，命运定不会辜负你曾经所付出的一切，一定会在不知不觉中，让你有个圆满的结局。

失败不可怕，可怕的是从此一蹶不振。显然，任正非并没有向命运低头。找不到工作的他，决心自己干一番大事业。

1987 年，任正非集资 2.1 万元正式创立了"深圳华为技术有限公司"。华为是一家民营公司，创办初期，公司的地址舍弃了繁华拥挤的高端写字楼，而是选择租金便宜、每月只需三四百元的居民楼，任正非也没对它进行装修，公司就这样开始运作了。

公司建立后，为了能赚点钱，华为代销过火灾警报器等小型工业仪器，这些投资根本不可能维持公司正常运转。要想活下去，就必须想办法。任正非在深圳南油集团那段时间的磨炼，也让他对做生意有了敏锐的眼光和头脑。

1978 年，党中央十一届三中全会提出改革开放的重大决策。第一个五年计划的实施，人们的生活发生了日新月异的变化，城市的一些家庭开始使用电视、电冰箱、电话等设备。那时候，在国内市场最火的就是电话，谁家要是装有一部电话，就像今天开宾利一样惹眼，因为那是富裕的象征。

一部电话能打通，核心设备就是交换机。与传统交换机相比，程控交换机的传话速度更快，音色更好，已经成为国内电信运营部门趋之若鹜的对象。敏锐的商家们自然不可能漠视这一商机。不少人以香港为跳板，通过各种渠道，将形形色色的交换机弄到国内倒卖，从中获取暴利。

当时中关村有个许瑞洪，是华科公司的老板。此人眼光敏锐，找来了一帮学生，一个暑假教他们电焊、安装元件，通过一系列简单的培训，很快就组装成了交换机，然后再贴上自己公司的商标，在没有许可证的前提下，依然赚得盆满钵满。既没有代销的风险，又没有组装的困难，就连许多国有企业，也试图在这个领域大展宏图。

任正非也看中了小型交换机的销售市场，因为这种小型交换机在医院、公司、矿山等方面应用很广，如果能代理销售这种产品，还是能给公司带来一定利润的。

任正非把活下去的希望寄托在了香港鸿年公司的小型HAX程控交换机上。由于公司规模非常小，简陋又没有供货资金，所以想要不交现金就从别家公司提货，那几乎是不可能的。但是，凭借执着，诚恳、正直的任正非硬是打动了香港鸿年公司的老板。两人经过一番接触，大有英雄惺惺相惜之感，鸿年公司的老板不仅没有嫌弃"心比天高"的任正非，反而慷慨大方地为他提供了授信额度。

这款HAX程控交换机可供二三十部电话对打。在学校、医院、矿山这些地方，一经推出就很受欢迎，甚至出现了供不应求的局面。

香港鸿年公司有时候甚至供不上货。任正非没有退缩，他一咬牙一跺脚，决心进口组件。在深圳湾畔一个杂草丛生的没有窗户的简陋仓库里，任正非雇了十几名技术工人，在这里开始没日没夜地"拼装"产品。仓库的一头用砖头砌成了一道墙，隔成单间，工人就把这间单间当作自己的休息之所。任正非的生活同样不好过，他与父母、侄子挤在一间十平米的出租房里。没有厨房，母亲就在阳台为他们做饭，为了给家人补充点营养，就经常到菜市场买那些死掉的鱼虾。就是这样的环境，让任正非这棵尖毛草越长越盛，载着父母的呵护和殷切希望，在清贫苦楚的日子里，斗志反而更加昂扬。

任正非果然没令人失望。他靠着在市场打价格差的方式，在这款小型 HAX 程控机上获得了不菲的利润。"蜀道难，难于上青天"的创业之初，就这样幸运又艰辛地跨了过去。

多年后，当任正非的华为成为世界鼎鼎有名的大公司时，曾经辉煌的香港鸿年公司却几度濒临破产。每当这时，任正非都会出手相救，就像一位义薄云天的武林侠士，他感念曾经别人对他的信任，在他最困难时期的出手相助，这点滴的恩情，他涌泉相报。一次又一次，他伸出援手帮鸿年公司渡过了难关。

20 世纪 90 年代，国内先进的程控机几乎都来自于外国，日本 NEC、美国朗讯、加拿大北电、瑞典爱立信、德国西门子、比利时贝尔和法国阿尔卡特等七家公司，他们牢牢控制和瓜分着中国的市场。国内的企业根本不能与之相比，当然，这些"巨头"也没把国内的企业放在眼里。因为他们深知，在中国，一无先进的生产程控交换机的技术，二无生产程控交换机的厂家，核心的技术只能靠高价购买。日本的交换机每线只需 180 美元，到了国内，价格就涨得离谱。即使是这样，依然有很多人趋之若鹜。

最可笑的是，曾经安装一部电话需要交 6000 元安装费，就是贵得如此令人瞠目结舌的价格，还不保证能及时装上，甚至排队要等上好几个月。不仅如此，还要请客送礼才能装上。7个国家的交换机采取不同的制式，不同厂家的交换机互不相通，这些情况，造成了我国通信市场的混乱不堪。

任正非怎么可能看得惯这种现象？他满腔怒火，拍案而起，对自己的技术员工说："华为一定要生产出自己品牌的程控交换机。"

一个人的奋发图强如果不仅仅是为了自我，还兼具满腔热忱的爱国之情的话，那么他一定会有无穷无尽的动力。这动力来自中华儿女的反抗，一种不甘屈辱的尊严感，所谓"哪里有压迫，哪里就有反抗"。任正非说："市场没有时间等待我们成长，它不是母亲，没有耐心，也没有仁慈。"他要打个翻身仗！

"拿来主义"不可取，落后就要被挨打。要想捍卫企业的尊严，夺回属于自己的市场地位，没有独立自主的技术，没有自己的科研体系做支撑，这就是一句空话。任正非义愤填膺地说："外国人到中国是为赚钱来的，他们不会把核心技术教给中国人，而指望我们引进、引进、再引进，企业始终没有也没能独立。以市场交换技术，市场丢光了，却没有哪样技术被真正掌握的。而企业最核心的竞争力，其实就是技术。"

40多岁的人创业已经不算早了，但任正非发誓要做个例外中的例外。

1991年9月，任正非带着华为的50多名年轻员工，来到了深圳市宝安县蚝业村新租的工业大厦。能孵出凤凰的窝，也不是用金子堆砌的。曾有个故事说，一个英国妇人非常瘦弱，平时连一台电视机都搬不动，在一场大火中，她竟然奋不顾身地左手拖电视机，右手抱保险箱，安然逃出火场。紧迫时期，一个人的潜能有多大，从这个妇人身上，我们就能看得到。

任正非受过高等教育，他不仅自己要树立目标，且毫不动摇，还要用自己的精神影响他的员工们。他曾动情地对他们说："以后买房子要买阳台大的朝南的房子，以后可以用来晒分到的钱。"

这种胆识，就像是茫茫黑夜中发出的那一点生命的微光，他要带领队伍向国内电信业进军了！

BH01交换机，是华为的第一款产品，是一种24口小型单位用的程控交换机，自行组装，再贴上华为的标志，并做精心的包装，附上说明书就可以销售了。但它属于低端机，市场很有限。但由于价格优惠，加上华为公司服务好，所以一经推出，立即就出现了供不应求的局面。

任正非要做的就是把华为的品牌打响，有了自己的品牌，以后就可以招收自己的代理，可以收代理费，也可以缓解资金短缺的状况。任正非后来如愿以偿。

但很快，又一个让他烦恼的事情来了——国内的散件开始供不应求。华为收到别人的定金，却无法及时发货，这样就显得非常被动。如果客户追上门来要求退款，公司就会面临危机。

为了摆脱这种不利的局面，任正非决定放手让员工自主研发交换机，进行自主知识产权的电路设计和软件开发。背水一战，放手一搏，他跟员工一起每天在简陋的研发室里忘情地工作着。华为大厦三楼被分为单板、电源、总测和准备四个车间，剩下的是仓库和厨房，以及摆满单人床的宿舍。大家吃住都在这里，累了就休息一下，醒了继续干。

柳传志曾经说过："企业的一把手跟下级员工之间的关系，就是发动机跟小发动机的关系，你所带动的不是齿轮，不是螺丝钉。员工也可以成为一个发动机，而且能跟你同步。如果能够做到这样，这个企业活力就非常大。"任正非开足马力，员工也紧随其后，团结一致，默契十足，努力向前。

楼里没有空调，只有吊扇，高温下工作挥汗如雨，但大家仍夜以继日地工作着。夏天蚊子成群，没有防蚊设备，大家就用一个塑料袋套住自己，只在鼻子和嘴上对应的地方掏出两个窟窿。

为了全身心投入研究，任正非更是不惜把所有定金都花在研发上，甚至还借了年息 24% 的高利贷。同时为了鼓励、犒赏员工，他经常提议买一些猪尾巴，晚上大伙儿蹲在一起，一边啃着猪尾巴，一边喝汤。在如此艰苦的条件下，每个人脸上却是幸福和满足的笑容！

终于，经过不断的努力，新产品研发成功了。但此时，任正非又面临另一个难题，那就是产品性能如何测试？他们还没有专业的测试设备。

买专业测试设备肯定要花不少钱，以那时的公司实力，这些钱根本就拿不出来，况且当时连员工的工资都快发不起了。每个人内心深处无不感到巨大的压力，那种压力感令人窒息。连续六个月的日夜奋战，难道就这样付之东流吗？

这并没有难倒他们。花钱买不起，他们就发挥聪明才智，想到了土办法。他们用万用表和示波器来测试，举着放大镜，对成千上万个焊点，一点点清查，一点点测试电路。电路合格，所有员工每人手里拿起两部话机，喊口号同时检验设备。白天测试，晚上再讨论攻关，不分职位高低，不论资历深浅，所有人都一起动手。

1991 年 12 月，华为终于开发出 BH03 新款交换机，并成功通过全部测试。这款新型交换机通话清晰，音质好，工作流畅，很快就取得了电信部门的入网许可证。

俗话说，态度决定一切。这一次的破釜沉舟，任正非再次带领华为取得了胜利，为华为的崛起迈出了关键性的一步。

以毛泽东为榜样的智慧

做一个世界级的、领先的电信设备提供商。

——任正非

在部队时，任正非最爱读的就是有关毛泽东的书籍，从毛主席那里，他吸收到了一个伟人的智慧和精髓。他把这份智慧应用到创业中，这给他带来了无尽的力量，他也因此获得了巨大的成功。

电信行业的竞争一直都非常残酷，不发展就灭亡，没有退路可走。一个企业要生存，就必须不断发展壮大。

BH03 新型交换机的成功并没有让任正非停止不前。他很清楚地意识到，吃老本、坐吃山空乃企业大忌；同时，改革开放的窗口已经在深圳打开，风起云涌的市场变幻莫测，有人一朝之间就可以变成百万富翁，也有人走投无路去跳楼，而民族通信工业正处于生死存亡的关头，他必须坚持不懈地将自己的梦想进行到底，在公平的竞争中不断地发展，决不能后退、低头，更不能让自己被那些实力雄厚的公司打倒。

任正非想起毛主席"农村包围城市"的战术，在调查了市场情况后，他意识到"到农村去"的确是一件法宝，他决定让自己公司的交换机先销售到农村去，此为其一。第二，华为要不断推出第二款、第三款，以及更多的新产品，才能为企业的发展壮大注入活力，而这就需要技术人才。只有引进高科技人才，才能研制出更新型的交换机，才能拥有自己的知识产权。一个团队的发展，离不开精兵强将，离不开一群想要干事业的人的凝聚力。

没有梧桐树，引不来金凤凰。这棵梧桐树不见得是一棵枝繁叶茂的参天大树，但它一定要有一种想要锐利生长、高耸入云的斗志。而想干大事的人，总是会机缘巧合地凝聚到一起，为他们共同的目标努力。

很快，任正非就迎来了他的几个好搭档、好助手。

第一位就是曾在重庆电信局工作的陈康宁。后来他辞职下海，自己开了一家小型电信公司。1987 年底，任正非到重庆考察、开拓市场，两人第一次见面就相谈甚欢，经营理念如此相同，大有相见恨晚之意。两个男人的双手紧紧握在一起的那一刻，陈康宁从任正非那里感受到了前所未有的真诚、勇敢和执着。

而最让陈康宁感动的是，任正非竟然有一种非凡的魄力，但凡购买华为产品的人，都可以无条件向他退货。退货和购货的客人，享受同等待遇。

陈康宁于是下决心成为华为在重庆的代理商。而任正非也能想人之所想，他不仅给了陈康宁充足的备板备件，还多给了他一套小型交换机。这样，陈康宁不仅可以解顾客的燃眉之急，还可以为华为提高技术赢得更充足的时间。

陈康宁被任正非处处为代理商着想的精神所感动，他认为这样的老板将来一定会大有作为。他也准备回馈任正非。

这样的日子终于来了，1988年，陈康宁拉了一个大客户，为了让对方能尽快下单，他带领那个客户亲自到深圳华为考察。

到了华为之后，客户被眼前的一幕幕惊呆了。虽然这家企业规模不大，条件简陋，但每个员工都在非常认真地工作，每个人都是那么的忙碌而勤奋，接单、下单、接电话解答客户疑问，态度诚恳而友好，这样务实、认真、积极的工作场面让客户动容，那个客户当场就决定购买华为的产品。

当任正非听说陈康宁带来了一个大客户时，立刻派唯一的一辆车载着客人直奔酒店去用餐，而任正非自己却步行回去。

陈康宁为任正非拉来的第二个客户是四川的一位地区局的局长。为了陪同这位局长，任正非白天同他讲解合同细节，晚上聊到半夜，一天只睡三四个小时，但次日一早七点多，他又准时出现在对方面前，陪他喝早茶，吃早点。

这种诚恳和热情，以及对工作孜孜以求的精神最终也打动了这位局长，后来他取消了原先的合同，改签华为的程控交换机。

此时的陈康宁同样也对任正非佩服万分，他决心要跟随任正非一起创业。他带着这份合同，不远万里来到深圳，正式投奔。任正非自然喜不自禁，他任命陈康宁为华为市场部、生产部、企业文化部等多个部门的负责人。

第二位投奔任正非的人是郭平。郭平，华中理工大学（现华中科技大学）研究生学历，毕业后留校任教，工作稳定，才华出众，前程似锦，年轻有为。一个这样的知识分子甘愿舍弃自己舒适的生活条件，而选择冒险下海，也源于他被任正非的抱负与为人所打动。

故事要从 1992 年说起。那时候深圳的房地产业火爆空前，市面上流行一句话："要想富，干房地产是条路。"在这种大环境下，潘石屹、柳传志等人都忍不住了，纷纷投资房地产，后来风云变幻，这些人都差点出事，历经风险，可谓心有余悸。

正如巴菲特所说："我只做我完全明白的事。"专注于自己的兴趣爱好和熟悉的事物，坚持到底，才有可能走向成功。不同于其他人，任正非没有对房地产动心，他仍旧专注于自己的交换机。

为了吸引更多的人才，他来到华中理工大学、清华大学等高校，广泛邀请校内的教授及他们的学生参观华为。在高校师生们参观的同时，他就带着技术人员向他们讲解华为的产品、理念和经营方法，试图寻找技术合作伙伴。

华中理工大学的郭平就是这些参观人员之一。他一下子就被任正非对工作的热情、活力和抱负所打动，而任正非也想留住郭平，就对他铺展开未来华为的蓝图。两人一拍即合，当场郭平就决定辞职加入华为。

任正非喜不自禁，他身上散发出的广纳英才、礼贤下士的尊重人才的魅力，令郭平非常感动。辞职后，郭平留在深圳，任正非让他成为华为自主研发第二款产品的项目经理。

后来，在郭平的带领下，工人们夜以继日地工作，HJD48 小型模拟空分式用户交换机的研发速度很迅速。

后来，为了给公司拉到更多的人才，郭平想到了自己的同学郑宝用。他一番写信、电话，终于说动了郑宝用来华为看一下。

郑宝用也是华中理工大学的硕士，毕业后留校，之后又考上了清华大学博士。他的研究方向是光电领域，但对通信领域，他也不陌生。

这次到来，跟其他两人一样，郑宝用同样决心"弃文从商"，他放弃了清华大学的博士学位，毅然决然地加入华为。他的到来，如同刘备得到诸葛亮、孙权得到陆逊，让任正非如虎添翼。

郑宝用思维敏捷，为人和善，性格直率，是一位难得的技术天才。他也是一位刻苦求学的寒门子弟，考大学的时候，他是莆田地区第 1 名，得了 100 元奖金。他把 40 元留给了父亲，自己就靠着余下的 60 元读完了大学四年。

华中理工大学的老师对他的评价是：思维能力强，善于独立思考，学习成绩优秀。他跟任正非在某些方面有着很多相似之处。英雄相惜自不在话下。

在他的努力研发下，HJD48 小型模拟空分式用户交换机很快就诞生了。这一台交接机可以带动 48 个用户，这样的技术突破，在市场上首屈一指，一投入市场，就受到用户的普遍好评。

这之后，郑宝用就成为华为的副总经理兼第一位总工，负责华为产品的战略规划和新产品研发。而他也不辱使命，相继开发了 100 门、200 门、400 门、500 门等系列化的用户交换机，HJD-04600 门的用户交换机，一台甚至可以带动 600

个用户，填补了国内市场的空白，被国家相关部门评为国产同类产品质量可靠用户机。

在郑宝用的积极努力钻研下，华为产品不断推陈出新。仅 1992 年这一年，就捷报频传，用户交换机为华为带来超过 1 亿元的利润，总利税超过 1000 万元的销售业绩。任正非在年底总结大会上表扬他说："阿宝是一千年才会出现的一个天才！"

公司走上正轨后，郑宝用先后被提升为公司第一位中央研究部负责人、华为常务副总裁、华为副董事长等职。而举荐有功的郭平对管理也很有一套，任正非也没忘了他，郭平先后被提拔为华为生产制造部负责人、华为常务副总裁。

知贤善用，任正非可谓是一位优秀的掌舵者。拥有这两员大将，华为向行业巨擘迈进便再也不是梦想了。

公司年底总结大会上，任正非满脸沧桑而严肃，又带着点沉重，他在主席台上动情地说道："我们，活下来了！"

紧接着，他用双手捂住脸颊，泪流满面，这是饱尝酸甜苦辣的兴奋与动容。他，靠着自己顽强不屈的意志，终于走向了自己的海阔天空。

JK1000 惨败的教训

> 人是有差距的，要承认差距存在，一个人对自己所处的环境，要有满足感，不要不断地攀比。你们没有对自己付出的努力有一种满足感，就会不断地折磨自己和痛苦着，真是身在福中不知福。这不是宿命，宿命是人知道差距后，而不努力去改变。
>
> ——任正非

虽然交换机的市场很大，前景很诱人，可是要放弃原先的市场关系而另起灶炉的话，那无疑是给自己上了一根发条，任正非要时刻围着它转，一丝一毫不得怠慢。用交换机的客户是各大单位或公司，其中就包括邮电部下的电信局。华为以前从未做过电信局的生意，对这块市场可以说是一片空白，想要积累这种大客户资源，可以说是一项非常艰巨的任务。而当时国外的巨头就有日本的 NEC、富士通，法国的阿尔卡特，美国的 AT&T，瑞典的爱立信等，这些巨头早已长期占据中国市场，他们的年销售额高达上百亿美元，华为想要从它们嘴里分一杯羹，难于上青天。

华为要走这条路，任正非心里非常清楚它的艰巨性。作为一家民营企业，既无政府支持，又没有足够的资金，在市场上名气也不大，但不入虎穴焉得虎子，即使走鬼门关，任正非下定决心也要试一试。他对员工说："研发若成功，我们都有发展；如果研发失败，我就从楼上跳下去。"这种视死如归、置之死地而后生的拼搏精神，强烈感染了公司的每一个人。

当时华为研发大型交换机的技术和经验都不太具备，任正非也很清楚。因此他对研发部一再提醒：不要做先烈，要做先驱。由郑宝用负责全局，徐文伟负责硬件方面，王文胜负责软件开发，"铁三角"形成后，第一款局用交换机JK1000的研发就紧锣密鼓地开始了。

这里要说的一点是，徐文伟是任正非从别家公司挖过来的，而王文胜是中国科技大学的高才生，他对软件开发特别有天赋，正是因为任正非对人才的求贤若渴，尊重与信任，加之对技术研发的重视，激发了他们每个人的斗志，让他们感觉到跟着自己干，未来充满了胜利的曙光。

但当时任正非也忽略掉了一点，那就是，当时市场的模拟交换机已经处于即将过时的状态，而数字交换机的技术也已日渐成熟，JK1000的市场效果会是怎样的，他并没有做太多深思。

倒是华为的一名普通员工意识到数字技术时代即将来临，他三番五次地找到了任正非，畅谈了自己的顾虑，虽然人微言轻，但他对华为的一腔热情，让任正非深受感动。任正非也马上做出了指示，要求华为技术人员在研发模拟交换机的同时，也不要放松对数字交换机的开发，两条腿并走，步子才能迈得稳。这名工人叫曹贻安，因为这次建言，后来被任正非提拔为开发部的副总工。

之后在研发 JK1000 时，公司又遇到了资金困难。当时从国家机关部门辞职来到华为工作的孙亚芳为公司送来了及时雨。她拿着 200 万元现金摆在任正非的面前，让公司又重新振奋了起来。

为了进一步解决资金问题，孙亚芳又提出了一个更好的主意。她建议跟各地电信局成立合资公司。后来，华为与 17 个省市的电信局最终合资成立了名为"莫贝克"的公司，17 家电信局共同出资 3900 万元。而华为有了这 3900 万元后，也彻底解了资金方面的忧愁。

经过一年多努力，JK1000 终于华丽面世，并获得了邮电部的入网证书，接下来就是向市场大力推销这款交换机了。华为派出各地办事处主任亲自挂帅，抽出精兵强将去销售、宣传、展示产品。但国外巨头们也不是吃素的，他们向电信局提出"通信网建设一步到位"的说法，简单说，就是试图通过这种建设光缆传输信号的方式来销售自己手中更为先进的数字交换机。具体来说，就是不仅城市，包括农村在内，要逐步采取光缆进行传输，就是说，交换机和传输工具都要同时改造，这样可以避免重复投资的可能性。这种"一步到位"，才是能追赶上迅猛发展的通讯业的最潮流的做法，那数字交换机的使用就是必不可少的了。

对此，任正非迅速做出了对策，他在自己的内部刊物上强调国内的通信网建设要量力而为，循序渐进，一步到位的思想不切合实际；同时又加大销售力度，将购买华为交换机的电信局人员请到深圳华为总部，让他们明白饭要一口一口吃，而一口吃成个大胖子的可能性是不大的。

但JK1000模拟交换机的确从性能上差了一截，一旦打雷，这款交换机就会起火，它的电源不具备防雷措施。所以，这款交换机刚一出来，就面临没有市场的尴尬局面。虽然经过卖力吆喝、推销，但最终只卖出了200多台。

不得不说，这次的教训是十分沉重的，任正非因此而深深认识到自己的不足。因为考虑自身技术能力问题，而把数字交换机放在了次要发展的安排中，一心研发的产品虽然适合自身的技术能力，但却不适应市场的需求；因为没有关注竞争对手的情况，而埋头苦干自己认为正确的事，结果却在思想和认识上，远远滞后于对方；因为自身产品的落后，不仅费尽周折搞来的研发经费付之东流，而且制造出来的产品没人要。这所有的一切，原本都是可以避免的。

经历这次事件，任正非深刻地意识到，华为的科研部门，以后要进一步摸清市场，加深了解，对敌人不能只停留在表面的了解上，而是要加强对对手产品信息的了解、搜集和分析；同时自己更不能闭门造车，要把目光放得长远一些，看问题要有前瞻性，要时刻关注市场发展，永远把市场作为检验自己产品的唯一标准，把客户满意看作是华为人奋斗的方向。华为要造出的是适应市场和客户需求的产品，而不是造出自己认为好的产品。

哪里跌倒，哪里爬起来

> 从来就没有什么救世主，也没有神仙皇帝，要想富
> 强，必须靠自己。
>
> ——任正非

模拟交换机的折戟沉沙，让任正非明白未来的市场将是数字交换机的天下。他下定决心要不惜一切代价研制出一款华为品牌的数字交换机。华为想发展，想要生存，未来就必须依靠这种数字交换机，一个人可以在某件事上栽一次跟头，但绝不能在这件事上永远栽跟头。

研发新的数字交换机的重任，任正非交给了郑宝用。当时公司源源不断地从全国各大电子技术大学里招收人才，面对一群群年轻但对局用交换机一无所知的年轻学生，郑宝用一方面想着研发的重任，一方面还要抽出时间与精力去培训新人，后来他就把一本关于程控交换机的国内规范的书交给每一个人去学习，这本红皮的书被年轻学子们称为"红宝书"，他们在华为这样一个充满竞争又不断进取的企业里，深受感染和熏陶，很快就在研发部门有所成长，并逐渐成为了这方面的行家。

由于当时公司里有许多人都不是深圳户口，所以住宿就成了最大的问题。时间紧，研发任务重，首先要解决人才的居住问题。只有让人心安定下来，才能达到事半功倍的效果。但是那个年代，这个问题确实很难真正解决。当时公司里负责人事工作的曾信富，他的工作就是每天想办法去派出所"捞人"。只要发现今天公司里少了人，首先想到的就是派出所。而员工们也只能居住在厂区附近的租房里，时不时要饱受保安半夜敲门查证的心理摧残，以至于数年后华为虽然取得了举世瞩目的成就，但回忆起那段往事，大家心里都只有一种感受，用孙亚芳的话说，叫作"欲哭无泪"。

另一方面，员工住的房子都是附近的民房，治安条件很差，时常会遭遇小偷的光顾。有些人半夜睡觉时，屋里的财物都会丢失。时隔不久，以为没事了，却想不到小偷还会再来。还有人晚上加完班回去，到了出租房，就发现窗台的空调机不见了。诸如此类，层出不穷。条件之艰苦，让人瞠目结舌。

再则，当时每进来一批新的员工，就会发现有一批老员工辞职离去。工资不能按时发，并且发的工资也只是每月的一半，另一半何时发且不说，就连发下来的这一半，都没有定数，许多人认为华为不久会倒闭，待下去也没多大意思。人员的流动，让华为动荡不安，人心不稳，成了很大的隐患。

这时候，只有加紧研发数字交换机，才能拯救华为于水火。任正非下达了命令：春节前必须把数字交换机研发成功。

困难像弹簧，你强它就弱，你弱它就强。当时年仅29岁的郑宝用并没有因此而气馁，他带领着一帮年纪比他还年轻的研发人员，夜以继日地奋斗在科研的第一线。他把研发人员分成了两个大组，一组负责硬件，一组负责软件，两个大组一共300多名科研工程师，同时又被细分为50多个小组。有时大家会持有不同意见，争论得面红耳赤，但争吵之后，大家很快又恢复了平静，继续"撸起袖子加油干"。

为了赶计划，往往是一面有研发人员做出原理图，一面让做CAD硬件的布线人员加紧布线。可往往原理图要不断进行修改，时常会出现线路布了一半又要重新改线，负责这一块的工程师气得火冒三丈。即使如此，数字交换机的研发还是在跌跌撞撞与紧锣密鼓中进行着。

郑宝用和研发人员最终给这款数字交换机起了一个让任正非非常满意的名字：C&C08。任正非下令这款交换机要用世界上最先进的技术，功能也要比国外的设备齐全。因操作难度太大，它迟迟没有面世。但是在这种情况下，华为的销售人员却已经将它找到了第一个买家：浙江义乌佛堂分局。

按照合同规定，华为要在1993年6月去佛堂分局，但由于对技术的高度追求，这款C&C08交换机却迟迟没有生产出来，任正非心急如焚，项目经理毛生江也被客户催得六神无主，见到软件组组长就忍不住要嚷一句："再研发不出来，老板要杀了我！"

1993年10月，为了尽快占领市场，避免错失良机，任正非认为不能再等了，再等下去，多年来的心血将付之东流，华为面临的后果也将不堪设想。他果断下令，马上到义乌！

当时的C&C08交换机测试工作还未全部完成，公司员工也是提心吊胆，他们一边担心，一边快速进行测试。结果，

C&C08 交换机装入义乌佛堂分局机房后，不是断线、死机，就是电话打不通，或者打到一半忽然断线，总之，但凡能预料到的糟糕情况，统统发生了。

这种情况下，任正非亲自飞往义乌，吃住同员工在一起，员工白天调试一天，晚上随便找块泡沫板放在地上就呼呼大睡，睡醒了睁开眼继续干活，干累了再休息一会儿，这种艰苦奋斗的床垫文化精神在华为已不算什么稀奇的了。任正非的镇定自若、淡定指挥，以及员工吃苦耐劳的精神深深感动了当时佛堂分局的局长。尽管外面的天气已是冬季般寒冷，但他们人人心中却似一团烈火，这位局长索性从家里拿来一种自酿老酒，同这些拼命三郎们喝了起来。

两个月后，C&C08 交换机终于可以独当一面正常运行了，销售额一下子就达到了一个月 12 万元的好成绩，在操作附属、话费计费等功能上，能很大程度上满足国内电信机构的要求，华为一下子名声大噪，也迅速占领了中国农村市场。

回顾那次经历，当时参与过项目研发的一位工作人员说："那次简直是一次惊心动魄的苦战，如果那次真的出了什么差错，没有搞成，就没有今天的华为了。"

当时的华为没有知名度，没有品牌效应，没有可以打广告的多余资金，只是一家名不见经传的民营企业，在市场 200 多家电话交换机生产企业里毫不起眼，而最终能拿下市场，靠得就是那种野狼一样拼搏的精神。在没有办法的情况下，就自己想办法，只要有一线希望就不会放弃，业务虽然到手了，也还要先给人家装上机器，且机器运行正常后才可以拿到分批付款，即使是这种委屈、艰辛也没有把他们难住。整整四个月，所有人吃住都与机器一块，艰苦奋斗的作风发挥得淋漓尽致。

提到当初的不易，任正非后来讲了几个例子，一名华为高层管理人员为了能挽救一个地方市场，亲自到沈阳寻找客户。当他得知那个客户正在一家宾馆跟爱立信的人员洽谈时，他顾不上喝一口水，就一直在宾馆大厅里等待。直到凌晨一点多，那个客户才出来。而当他上前搭话时，对方却撂下一句"没时间"就匆匆走了。还有一名博士在北京首都机场，冒着寒风整整站了4个多小时等待客户，对方下机时看到他非常高兴，可是问清楚他是华为而非朗讯电信的工作人员时，态度立马就变了，头也不回地走了。这样的例子数不胜数，但即便如此，大家也没有退缩，反而憋着一股劲奋力往前冲。

之后没多久，为了解决华为交换机机柜、机架太大、外观难看的短板，任正非特意从德国请来了优秀的设计师为C&C08交换机设计外形，接着还在C&C08交换机中增加了支持远端用户的功能，并把模板拓展为128个，使其在功能、外观上都达到了世界级先进水平。这次的成功，标志着华为已然拥有了自己的技术，为日后迈上新的台阶奠定了基础。

没有充足的时间，没有足够的资金，没有样机可以借鉴，华为人仅仅靠着一腔热血，从自主研发，到一步到位，在焦灼中历练，在艰难中磨砺，不怕苦、不怕累，勇往直前，奋力拼搏，这样的企业怎能不腾飞？

再接再厉，抢占技术制高点

> 十年之后，华为公司要在电信的王国中，三分天下有其一。
>
> ——任正非

就在华为C&C08 2000门交换机成功开局后，任正非果断把眼光投放到更高级别的万门机研发上，并一再叮嘱，一定要让这款产品走在世界的前列。

郑宝用被任正非任命为主帅，郑宝用拍着胸脯对他说："我办事，您放心！"其实就在华为所有力量都集中研发2000门交换机时，郑宝用以及他的学弟李一男就想到了要做万门交换机方案的问题。那时候国外的巨头已经牢牢霸占全国各大省市市场，华为的产品只能走农村路线，万门交换机在农村市场根本用不到，想起来有种隔云望月之感，但三个人竟一致把眼光对准了远方，因为他们知道随着技术的不断升级和市场的不断需求，2000门交换机迟早会被淘汰的。

心有多大，舞台就有多大。郑宝用为了鼓舞员工的士气，对他们坚定地说："你们研制吧，一旦开发出来，我保证卖出去十台八台的！"

由于在研发C&C08 2000门交换机时，李一男表现出色，所以对于万门交换机的研发，任正非就把重任交给了他。当时李一男又招了一个负责软件开发的刘平，以及一个负责硬件的徐厚林，这两个人堪称一对黄金组合，对工作非常负责，加上年轻，跟着李一男干劲十足，一天从早到晚，他们都吃住在机房，夜以继日地开展研发工作。

任正非对他们寄予厚望，时常过来看望他们，并且会带来很多好吃的。李一男当时才不过二十二三岁，长得斯文瘦弱，但任正非极其欣赏他的才华和智慧，对他总是亲切地称呼为"红孩儿"。他们的关系在其他人看来，简直情同父子，而非一般的上下级关系。

1993 年左右，华为的资金还不充足，研制万门交换机是靠借高利贷而来的，任正非当时很严肃地对员工说："如果研发不成功，我就从五楼跳下去。"那时时间紧，技术难度高，每个人内心都绷着一根弦，谁都知道这是一次豪赌，以及赌局输了的结果意味着什么。但任正非这种置之死地而后生的精神却鼓舞着大家。

当时李一男想到了一个办法：用光纤连接交换机的模块。在这之前，国外巨头企业的万门交换机都是用电缆连接模块的，还没有谁使用光纤。电缆连接的最大弱点是维护技术要求高，用户过度分散的地方铺设成本高，不适合远端市场。而光纤更适合远端市场，特别是广大农村地区。先把交换机的母机设在县电信局，然后远端运行模块设在乡镇，中间通过光纤连接，终端再由乡里拉到村里，就可以实现全面覆盖。这样的话，就相当于从电信局直接拉到了用户家，节省了很多成本。

　　李一男经过深思熟虑，最终采用了 SDH（Synchronous Digital Hierarchy，同步数字体系）技术。这种技术是一种低端的光纤传输技术，虽然不算顶级，但在国内甚至国外，已经在领跑数字交换机市场了。

　　在总线使用上，李一男决定用美国的英特尔公司速度最快的 Multibus II 总线，研发部因此一次订了近 20 万美元的开发板和工具。但后来研发部会诊和研发了几个月，大家一致认为华为目前没有技术来实现这么快的总线，最后只能退订。这一次的订货疏漏，让李一男惭愧不已。

　　知道华为正是资金短缺的艰难时刻，因为自己的问题而使公司背负了沉重的负担，李一男压力大到只要一听见电话响，就倍感头疼。好在后来经过郑宝用的努力，这批订单款额只赔付给供应商 20 万元。

　　没有一个人站出来指责李一男，相反，大家深知项目组所承受的压力，反而互相打气，任正非也拍着李一男的肩膀告诉他，英雄不论一时成败。

　　那个时候，几乎所有研发人员的神经都是紧绷的，李一男更是。恰巧此时，四年一度的足球世界杯在美国开始了，当时许多研发人员都是热爱足球的年轻人，刘平就向李一男建议：项目组可以每天加班到凌晨两三点，然后看一场世界杯比赛，第二天睡到中午再上班，既满足大家的兴趣，又不耽误工作。就在这种两不误的状态中，研发工作的速度反而更快了。

　　经过两年多努力，万门交换机终于研发成功了。面对这项成果，不少工程师激动地流下了热泪。

接下来就是测试，由于软硬件的衔接没有融合好，导致交换机出现了一些故障，让大家虚惊一场。问题解决后，所有人长呼一口气，终于绽放出了久违的笑容。而在庆功会上，任正非又忽然想起一件事来：华为研发的万门交换机，一定要能够防备雷击。

之后又经过一系列的模拟实验，郑宝用还把实验室搬到了广东省邮电科学研究所，华为的工程师与邮电专家一起进行测试。经过15天的紧急测试，大家最终研制出了比较有效的避雷防护方案，这样，这款万门交换机的性能，也达到了可以和世界电信强国的数字交换机相竞争的水平。

任正非当时气盖云天地说："十年之后，华为公司要在电信的王国中，三分天下有其一。"后来事实证明，他的雄心壮志绝不是空口白话。

江苏邳州电信局是华为的第一个开局点。之前邳州电信局用的是上海贝尔的S1240交换机，但由于上海贝尔的订货单已经供不应求，早就排到了第二年，邳州电信局一直没能订货成功，所以华为又抓住了这次好机会，几次上门拜访，苦口婆心讲解两家交换机在质量、性能和价格上的各种差异，终于让邳州电信局的负责人动了心。

然而刚刚崭露头角的华为万门机很快就遭遇了诸多尴尬。先是机柜外观丑陋，又矮又小，灰不溜秋，跟邳州电信局机房里原来摆着的外观高大洋气的上海贝尔交换机相比，简直如同灰姑娘对公主的感觉。其次，在性能上也略输一筹。由于机架导轨的问题，电路板插进去后就很难再取出来，或者好不容易取出来就很难再插进去了。最后，在开机调试时，万门机接上后，竟无法跟徐州的上级局通上电话。这才是最大的问题。

李一男当即打电话给任正非汇报了这里的情况，经过一番检查，他认为是中继板出了问题，先是从徐州买了新的中继板，但无济于事。接着提出从深圳华为总公司调来一批新的中继板。但新的中继板插上后，问题依然没有得到解决。李一男又指挥换掉一根中继线试试看，结果依旧如此。焦头烂额的李一男跟任正非派来查看的硬件工程师们在机房守了整整一个星期，最后心力交瘁地对身旁的刘平说："我可能干不下去了，以后你接着干。"

问题的出现就如同不测风云的天气，可问题的解决也变幻莫测，最后负责硬件的工程师余厚林在不经意间，发现机箱下面的万门机的接线接虚了，这是个很粗浅的错误，大家这才把困扰多时的问题解决了。

长途电话终于可以打通，但邳州电信局的一些人却因此对华为的万门机质量问题产生了质疑。就在李一男他们决心让事实说话时，这款万门机的软件又出现了问题。

好在后来经过仔细检查，软件问题在于邳州电信局急于收回成本，将电话号码提前销售出去了。而这款万门机一个话路占据一个时隙，需要先调试，然后才能上号，否则就会面临通话时隙被强占的问题，致使时隙资源无法得到有效释放，还会使整个交换机系统瘫痪。

在跟踪解决一周后，刘平大胆地提出了一个建议，即在软件中设置每天半夜两点软件重启功能，重启后，系统才能有时隙资源清零释放。而这个时间段，相对打电话的人比较少，即使出现电话断线故障，也不会造成多大的麻烦。后来这款改良后的万门机就被称为"半夜鸣叫"。

之后的华为万门交换机，更加内外兼备。外形设计上，高薪请来了德国设计师，让丑小鸭一举变成了白天鹅。为了尽快拿到入网证，任正非兴高采烈地请来相关专家进行鉴定。

鉴定并非一帆风顺，但好在专家们也支持国产品牌，希望我们的技术尽快走向国际市场。在华为人一番用心款待、边发现问题边及时解决问题后，专家们最终给了一个"已达国际先进水平"的签字认定。这个肯定，无疑是对华为最大的鼓励。

华为人紧抓时机、勇往直前、攻坚克难的精神，加上一鼓作气，忘我奋斗的拼劲，让华为一次又一次浴火重生，旺盛生长。

这之后，全国各地电信管理局高层会议在上海召开。华为为了抓住这个好时机，再次发挥了速战速决的狼性作风，他们在五天时间里，不仅火速搭好了平台，而且调试好了设备、机器等全部工作，在现场会那天，给了全国电信官员和专家们一个大大的惊喜。当大家得知这些具备自主知识产权的产品竟然出自一家小小的国内民营企业时，无不惊讶万分。

1994 年，北京举行首届国际电信设备展览会，华为的万门交换机首次隆重亮相，华为向全世界展示了自己强大的实力。任正非的"十年之后，华为公司要在电信的王国中，三分天下有其一"的脚步已经迈开。

第二章

任正非的

霸气扬帆史

"狼狈为奸"，攻坚克难

> 华为的每一个部门都要有一个"狼狈"组织计划，既
> 要有进攻性的狼，又要有精于算计的狈。
>
> ——任正非

随着 1995 年华为在技术上的突破，相关产品也开始向市场大面积地推广。任正非有句名言："企业要发展，就要培养一批狼，狼有三大特点，一是敏锐的嗅觉，二是不屈不挠、奋不顾身的进攻精神，三是群体奋斗意识。"一路走来，他深知，华为人想要成功，仅仅靠孔孟之道，靠所谓的"中规中矩""忍辱负重""中庸思想"是很难在残酷的商界有自己的立足之地的，只有像狼一样勇往直前，才能打下一片属于自己的碧海蓝天。

当时华为虽然已经开始亮剑，但 20 世纪 90 年代的市场竞争却相当激烈，通讯市场基本属于群雄混战的场面。华为想要异军突起，不拿出点狼性劲头来，恐怕只有死路一条。

当时任正非对员工霸气十足地说道："把客户震撼，把合同给我。"1995 年，华为首先在北京成立了研究所，由刘平负责研究数据通信方面的技术。从 1995 年到 1997 年，两年时

间内，北京研究所每年都投入了 8000 万元乃至上亿元的研究费用，任正非更是将大部分的人力、物力、财力都派到这里来，并且将每年拿出公司至少 10% 的资金投入到技术研发的决策写进了《华为基本法》。之所以投入如此大，宁愿冒着不惜"将全部鸡蛋装进一个篮子里"的风险，是因为任正非深深明白，中国以市场换技术的美梦仅仅只是美梦，其结果往往是市场没了，而技术还是没有换来。既然是技不如人，那他就要在这方面下苦功夫。

有一次，联想总裁杨元庆去华为访问，任正非实言相告："华为一年投入几十亿的研发费用，才赚十几亿，但我们这种高投入、高产出的业务模式已经形成。"还有一次，柳传志的爱将郭为也去华为"取经"，任正非力劝他不要做研发，"研发，你要做就做大，你要是小打小闹，还不如不做。因为这个东西是很费钱的一件事"。两人经此拜访，都放弃了做高科技研发的想法。

搞技术研发不仅需要资金，更需要坚持，中小企业很难做到。且要放弃原来的优势重新来过，惊险程度无疑等同于赌博。而任正非从一开始就是冒着视死如归的精神在做，从最初的执着与坚定，到最后的成功，野狼精神处处彰显。

任正非身上表现出一种狼性的"贪婪"，他对人才格外重视，几乎每天都会派车到人才中心去拉人回来面试。对刘平也下了命令，叫他没事就去招人，哪怕没事做，招人回来洗沙子都行，总之，公司就是要人才济济才行。他深知，用兵千里，急于一时，人才多了，才不会在关键时刻掉链子。再说，三个臭皮匠赛过诸葛亮，集体的智慧总是不可小觑的。

企业的竞争，说到底，首先还是人才的竞争。没有人才，就没有技术，没有储备力量，没有后劲，也没有底气。

一开始，北京研究所设在北京招待所里。两三个人共用一间办公室，采光也不好，连像样的办公桌椅都没有，也没有食堂，只能请人给大家做饭，且大家只能站在走廊里吃东西。夏天闷热，也没有空调，这样的环境怎么可能吸引到优秀的人才加盟呢？一年后，任正非就在北京买了一栋大厦，装修花了近1亿元。

有了正规的办公地点，刘平招起人来更不遗余力，后来他把招揽过来的人才聚集在一起，设立了一个协议软件部，专门负责开发通信协议栈软件。可以说，北京研究所为华为后来的腾飞打下了牢固的基础。

随着员工数量的增加，任正非审时度势，发明了独具一格的"人人股份制"，用这种办法留住人才，让他们从按时领工资的员工，变成关系到切身利益的公司股东，以此来调动大家对公司的热忱和积极性。而持股越多的员工就越热爱公司，他们起早摸黑，任劳任怨，兢兢业业，这种自觉维护企业利益的工作态度，让公司管理也变得轻松起来。众心一致，排山倒海，力量无穷。

产品研发出来后，为了迅速占领市场，华为人更是充分发挥了野狼精神。他们在实际行动方面，简直让竞争对手目瞪口呆、后悔不已。

万门交换机还没有成品时，华为人就先猛狼式闪电出击，用最快的速度占领市场，一边安装，一边调试改进，等对手反应过来，机会已不在。

STP（Signaling Transfer Point，信令转接点）是电话网中的制高点，技术难度相当高，当时国内骨干网上指定使用的是阿尔卡特的设备，普遍使用的是北电网络、上海贝尔的设备。考虑到该项技术研究难度大，造出来也不容易卖，华为本来打算放弃了，不过转念一想，它可以提升华为的品牌，后来又坚持做了下去。

1996 年底，华为首台 STP 设备在宁夏银川获得巨大成功，信息产业部搞了一个现场发布会，当时全国各省的电信管理局官员都到达了现场。之后，全国范围内，除了国家骨干网外，几乎都使用了华为的 STP 设备，这也让华为一跃成为这一领域为数不多的国际巨头之一。

1997 年，邮电部移动局开始招标建立自己的信令网。参与竞标的公司有六家，最后剩下华为和阿尔卡特。经过一番努力，华为与阿尔卡特同时中标，两家产品平分秋色。而那次的中标，也使华为获得了有史以来单笔合同最大的订单——8000 多万元。

从开始不想做，到为提升品牌而去做，再到最后成功介入中国移动"神州行"项目，华为就是靠技术占领了制高点，这是一次成功的冒险。

除此之外，任正非还非常擅长采用"集中优势兵力，各个击破"的战术抢占市场。

一般来说，跨国公司仗着自己的产品质量高，又有政府扶持，完全不担心自己在中国的市场。他们设在每个省市负责公司业务的人员只有三四个；在县区，也只派一两个。但华为不同，为了全面进攻，即使在同一个县镇，华为也有七八个营销员，如果遇到关键性大事件，华为更会派精兵强将迅速到位。

面对滔滔人海，国外的巨头即使再强大再有信心，他们有时也不可能在最短的时间内将人员配置到位，将设备、展会准备妥当，而这就给了华为顺利斩获订单的机会。在这方面，上海贝尔、青岛朗讯都曾吃过亏。

为了抢占市场，华为人常常是厉兵秣马做足准备，提前一年多就开始布局。他们有前瞻的视野，有大量业务人员遍布全国各地，有敏锐的分析和预判能力，也能懂得吃亏，忍辱负重，绕路而行。

日本 NEC 交换机与天津市一直有合作，其市场霸主地位在天津不可动摇。华为的销售人员就放弃硬碰硬的对策，采取迂回包抄策略。销售人员甚至自己掏钱，在天津大学安装了自己设计的一套系统，这个系统一经运行，天津大学所在的电信局收入一跃成为全天津第一，每月新增话费收入达到近 100 万。这种在学生宿舍安装电话的收益竟然是普通电话的 10 倍，天津一下子就炸开了锅，使得天津所有大学都找到了华为，要求安装他们的系统。

也是在这以后，全国的大学才开启了安装校园电话的风潮。北京的大学林立，北京电信局也找到了华为，这样，华为用一个点撬动了整个中国，连长年驻扎在北京的西门子也无能为力，甘拜下风。

而仓促应战的 NEC，根本不可能在短时间内研发出新产品迎接华为的挑战，他们只能面临失败的命运。

2000 年，中国铁通有个网建项目"铁通一号工程"，包括华为在内的三家公司参与竞标，另外两家分别是中兴和贝尔。

贝尔公司与铁通上层关系很好，在这点上，华为根本不能与之抗衡。但为了抢占市场，华为人开始发挥聪明才智，转头把突破点放到了铁通的客户上。

为了跟客户搞好关系，华为人主动跟他们工作奋战到深夜，做了许多超乎客户想象的事情，他们的真诚和热情让铁通的客户为之动容。

建立起良好的客户关系后，华为的销售人员才开始潜移默化地介绍自己的产品，将自己的优势展示给对方。这样，华为最后拿下了 J 省"铁通一号工程"的一期项目。

而等到二期项目开始时，面对中兴和贝尔公司，华为早就做好了各方面准备。他们主动帮助 J 省铁通拓展了几个重要顾客，让其一跃成为全国铁路分公司之首。这样，随着交换设备的增加，华为也有了更广阔的市场。

除此之外，任正非一直倡导"先吃亏，后发财"的理念。华为提出了更好的优惠条件：但凡客户购买交换机设备超过 24 万门的，华为将赠送 8000 门交换机设备。

面对这样的优惠条件，客户怎能不被打动？他们竟然顶住了来自上级的压力，纷纷订购了华为的设备，而二期项目的成交额高达 1 亿元。

2008 年，中国电信进行了一次 C 网招标。业内人士都知道，C 网分为业务网和核心网，业务网占比小，谁能拿下核心网，谁就是大赢家。任正非下令："我们要不惜一切代价，拿下最大的一份订单！"华为人士气满满，誓要抢夺这块肥肉。

当时有朗讯、中兴、摩托罗拉、三星、北电和华为一共

6 家企业参与竞争。朗讯先声夺人，报了 140 亿元的高价；而中兴报了朗讯一半的价格，即 70 亿元。华为则干脆报了折本的价格 6.9 亿元，令其他五家震惊十足。

任正非正是发挥了先抢占市场再绝地反击的野狼风格，他不惜以最低价格以退为进，首先挤进中国电信 CDMA（Code Division Multiple Access，码分多址）网络，然后再在后续工作上下功夫。任正非是经过深思熟虑的，即使在 C 网的订单中不赚钱，但在未来网络升级和维护中，一样可以赚到钱，而且 C 网的升级势在必行，将来赚的钱可能会是现在的十倍不止。

这次招标，华为成功拿下了北京、西安、广州等几个大城市，占招标总量的 26% 左右，实际上已成为最大的赢家。任正非说："华为的每一个部门都要有一个'狼狈'组织计划，既要有进攻性的狼，又要有精于算计的狈。"而他自己则带头把这种特性发挥得淋漓尽致。

从一家名不见经传的小公司，在短短数十年间，成长为一家可以与国际巨头相抗衡的大公司，不得不说，在华为的成长过程中，企业文化起到了非常重要的作用。

一流营销：与客户搞好关系最重要

> 华为的产品也许不是最好的，但那又怎样呢？什么是核心竞争力？选择我而没有选择你就是核心竞争力！
>
> ——任正非

在华为内部流传着这样一句话："华为的产品也许不是最好的，但那又怎样呢？什么是核心竞争力？选择我而没有选择你就是核心竞争力！"

这句大实话是任正非说的，浅显易懂，但又深刻，富含哲理。它是在群雄逐鹿的残酷商界竞争中总结出来的一句话，是一个人的经验之谈。的确如此，市场变化快，产品质量相当的情况下，谁有本事让客户购买自己的产品，谁才有资格谈竞争。这个核心竞争力，指的就是客户关系。

任正非早就意识到，与客户搞好关系，才是华为发展的关键因素。他在公司谈话中强调，不仅要与高端客户搞好关系，还要加强对普通客户的关系。他说："我们每层每级都贴近客户，分担客户的忧愁，客户就给了我们一票。这一票，那一票，加起来就好多票，最后，即使最关键的一票没投也没有多大影响。当然，我们最关键的一票同样也要搞好关系。

这就是我们与小公司的区别。……"

任正非经常挂在口头的一句话就是："再小的客户，我也要见！"这句话，很能说明他的思想了。

1999年，山东菏泽电信局进行整网招标，华为进入这块市场前，山东早已是朗讯和西门子的天下。当时，华为连山东电信局的门都进不去。朗讯和西门子都是国际巨头，长期霸占国内市场，产品质量也不差。华为想挤进去三分天下，在许多人看来简直比登天还难。

华为心里自然清楚无比，但他们身上具备一种为达目的永不退缩的精神。头两个月，华为打着解决老产品的旗号，设法跟客户对接上，并搞好关系，但绝口不提销售的事，只是一有机会就向对方推销自己的企业文化。第三个月，华为攻破电信局高层，请他们到深圳参观，此时华为仍旧不提销售。到了第四个月，时机成熟，华为此时开始搞大规模行动，将局方从中层到基层50多名人员统统请到深圳参观，让当事人切身感受华为，加强对华为的好感与认可度。半年后，华为在菏泽的招标中异军胜出。

有时为了赢得客户，击败竞争对手，华为甚至不计成本地投入。为了做一个项目，他们可以花费七八个月时间和大量金钱，即使在没有项目可做的情况下，他们也一样不改变这种做事方式。

1995年，上海贝尔在程控交换机市场上的地位还是牢不可破的。华为为避免与其正面竞争，采取"避实就虚"的策略，将战略目标从市区转移到农村地区，以及一些发展落后的省市。为了阻击上海贝尔进入农村市场，华为采取低价策略，利用其他销售方面的丰厚收益，对程控交换机 C&C08 进行销售补贴，从而挤压上海贝尔的利润空间。

随着中国的发展和政策的变化，后来邮政与电信分家，电信设备的采购权由县级转变为市级。有人便向任正非提出建议："撤销在全国建立的地区经营部，以节约成本，反正现在县局手里已经没有采购权了。"

但任正非却精通为人处世的原则，他批复道："我相信，这就是华为与西方国家公司的差别，我们每层每级都贴近客户，不放弃对我们有利的任何一票。"

虽然县局级不再具备设备采购权，但他们依然持有采购建议权和评估权，任正非正是看中了这一点。

2000 年，北京国际通信展的展会上，华为别具匠心的布置，特别吸引眼球。

当天，在展会上，华为门庭若市，而对手上海贝尔却寥寥几人。二者的受欢迎程度可见一斑。可即使在已经明确赢定对方的前提下，华为仍在细节上认真对待。

有位上海贝尔的员工事后描述了当时的心情："一登上上海贝尔展台的二楼接待室，便发觉比相邻的华为展台的二楼接待室低矮很多。看到华为员工及其邀请的客户，用一种居高临下的姿态打量上海贝尔的展台，我内心十分愤慨！也许是我过于敏感，但高手过招，任何细微的心理优势都是制胜的关键。"

华为人就像没有经过人类文明驯化而直接从远古战场横冲直撞过来的原始人类，他们带着那种简单而好胜的生存意念，在杀伐屠戮的商场上大展身手，令对手措手不及，望而生畏。

还有一个事例也充分证明华为人的野狼精神。1995～1998年，任正非下令要在这三年间，将全国主要城市的销售市场全部拿下。当时华为进攻的重点是南方的九江电信和北方的天津电信。

拿下南方九江电信相对容易一些，但北方天津电信难度却很大。最后，在华为天津办事处工作的经理，竟直接将天津电信局局长的女儿娶回了家！虽然结果与华为人敬职敬责敬业的精神分不开，但也正因如此，华为人成就自身的同时，也成就了华为。

华为就像一匹野狼，虽然竞争意识强烈，出手狠辣，但他们也有含情脉脉的时候。

1997年3月，华为开发的新产品在北方某地第一次开局后，收到了客户办事处的求援，那里的一台设备出了点小故障。华为办事处人员二话不说就乘飞机前往。到了目的地，他们检查出，出问题的设备是旧产品，而四名技术人员对其并不熟悉。经过一番查找资料、电话咨询后，终于了解到问题的症结所在。

当时，接到客户的求援电话后，几个人为了尽快解决用户需求，就在办事处附近的小餐馆吃了顿快餐，然后搭乘办事处的车出发了。目的地是一个偏僻的小县城，司机对路线不熟悉，只能一边看地图一边驾驶。晚上九点多，北方的天气寒冷且漆黑，所过之处灯火已无多少，路段崎岖颠簸，想要下车找个人问路，也异常困难，司机迷了路，只能硬着头皮凭直觉往前开，好不容易找到几处稀稀疏疏的房屋，轮番敲门，乡民却以为是有人打劫，纷纷关门熄灯。

这样直到凌晨一点多，才总算找到了所谓的"目的地"。但因信息错误，那些故障设备并不在此，而是在距离这里还有60多千米的一个小镇。几名华为人员顾不上休息，又彻夜赶路，终于在凌晨两点多赶到了现场。睡眼惺忪的邮电所所长把人带到设备室，几名华为人员立即检查并解决了设备故障，然后连夜返回。不料路途中又遇爆胎，直到凌晨五点多，他们才好不容易回到旅馆。

同年12月，延安电信局从华为处订购的设备，因为种种原因一直没有到位，当地电信局领导几次催促，直到半年后才收到华为发的货。但恰巧这批货又不知哪个环节出了问题，发错了货。这种情况下，延安电信局领导勃然大怒，将多份投诉传真直接发到了华为总部。

当时刚到华为公司上班的陈雪志被公司指派，与另一位高层人员一起去延安解决问题。他们赶了一夜火车，次日一大早就赶去延安电信局赔礼道歉。两人一边赔着笑脸，一边耐心听对方主管领导训责，并拿出记录本认认真真地将对方的意见一条条记录下来。挨完骂之后，陈雪志两人才赶回西安华为办事处，那时已经是深更半夜了。

为了工作，华为的工作人员经常废寝忘食、日夜颠倒地奋战在前线，他们把客户关系放到市场关系的最高层面上，正是这种全心全意的投入，才让华为的口碑随着产品的质量稳步提升，逐渐占领着曾不属于他们的市场，并最终达到难以想象的强大程度。

独创生存哲学：与客户建立利益共同体

你到别人家做客，就不能抠脚丫子。

——任正非

任正非对客户的重视程度，华为人有目共睹。与客户搞好关系，跟我们平常说的"做事先学会做人"是一个道理。任正非常说："你到别人家做客，就不能抠脚丫子。"在华为大门口，就立着一块巨大的文化石，上面刻着"小胜靠智，大胜靠德"。

搞好客户关系，不仅要尽心为客户服务，感动客户，让客户感到满意，也要具备吃亏精神，以破釜沉舟的勇气跟客户打交道。同时更要想客户所想，尽可能地满足客户期望，更重要的一点是：与客户建立利益共同体。

华为刚刚建立的时候，市场上是上海贝尔、朗讯、西门子、中兴等一堆大牌，华为人先是沉默无声，紧跟他们的脚步，埋头做事，高投入科研，在感到各方面情况都具备竞争优势时，才猛然进攻，参与激烈角逐，一鸣惊人。

那时候华为在某些方面的技术还不太成熟，但他们一边投放市场，一边在设备出现问题的情况下，日夜兼程地赶往现场，服务到位，态度端正，诚恳认真，积极解决问题。最后往往令不少运营商忽略掉他们产品的美中不足之处，而为他们说尽了好话："就算人家产品有问题，人家给你成天守着，你还要怎样？"华为就是用这种良好的态度，淡化了早期产品的种种瑕疵。

人心都是肉长的，一个永远不可能被打动的人是不存在的。华为人才众多，不论高层还是基层，所有人在干工作时，都能充分意识到这一点，并将其发挥得淋漓尽致。

孙宏是华为公司一名非常普通的销售经理。离家来到深圳"散散心"的他，以试试看的心情误打误撞进入了华为公司。一开始他对销售一窍不通，拜访客户一起吃饭时，常常被灌醉。正是因为他对待客户真诚友善，热情周到，后来销售业绩急速上升，还被调到哈尔滨办事处，负责好几个地区的销售工作。

黑龙江北安的电信局一直主要使用国外产品，华为的产品比例不大。孙宏决定啃下这块硬骨头，只有这样，其他地区的产品销售才能跟上。

孙宏找了个理由，亲自到北安电信局去拜访。他看到局长办公室桌上摆着的全是国外某家公司的资料，就笑着对局长说："我只要半年时间，让您的办公室资料全部换成华为的！"

他的自信乐观让局长心里一动，对方答应买一些华为的电源设备，但不会购买太多。

随着交往加深，这位局长对孙宏已颇有好感，对华为的产品也有了新的认识。有一次，局长去300多千米外的城市开会，而孙宏恰巧有急事找他。听到这个消息后，孙宏二话不说，连夜就从哈尔滨乘车去了外地。

第二天早上，突降大雪。孙宏硬是忍饿挨冻，在那位局长开会的门前，足足等了一上午。当局长看到孙宏雪人一样矗立在自己眼前时，实在是感动不已。这样一名普通员工都如此敬业，那么这样的公司又能差到哪里去呢？

自那以后，北安电信局不仅继续用华为的电源，连着其他设备也都换成了华为的。

华为从一家小公司，一路走来，一路摸索，最后逆袭成为世界500强企业。工作的热忱、智慧的发挥、细心的总结、经验的积累等，也许就是华为的生存之道。

在不断发展的过程中，华为人意识到只有与客户建立利益共同体，才能充分调动客户的积极性，变被动为主动，让客户有意识、积极主动地营销华为产品，拓展更大的市场。

华为创立之初，由于资金紧张，于是与各地电信局共同投资建立了"合资公司"。华为发展壮大之后，并没有放弃这种方式，而是继续和原铁通公司成立了北方华为、沈阳华为、河北华为、成都华为和山东华为等27个合资公司，华为的触角遍布全国。

这样的经营方式，让华为在无形之中多了很多助手，为了能收到自己那一部分股份，电信局运营商们纷纷隆重推荐华为产品，大力宣传和造势，让华为的产品销量有了质的提高。而且在社会上赢得了更广泛的声誉。

国内许多地方政府部门，特别是邮政、电信管理部门，因为跟华为采取合作方式，成了华为的客户，同时又是华为的股东，所以，他们把华为的发展，也当成了自己的发展，这是一种"打断骨头连着筋"、所有人共负盈亏的利益捆绑。如果产品回款收不到，股东就拿不到分红，这种情况下，促使每个人都积极催款。每个人因此都成了推动华为发展的有效力量。

华为的这一做法收到了立竿见影的效果，它既为自己的产品拉来了客户，也为产品开辟了新的销售渠道。

有句话说："只要路是对的，就不怕没有出路。"任正非军人出身的气魄，也形成了他独特而果决的行动力。他认为正确的决定，就会带领华为人员行动起来，行动出真知，行动见分晓。

作为后起之秀，华为用这种办法筹集了大量资金，扩大了市场影响力。在国内其他企业纷纷衰落、倒闭之际，它反而一枝独秀，茁壮成长。

随着电信市场日趋饱和，这种模式现已逐渐退出舞台，但这种模式曾的确挽救公司于水火，并成为华为大步走向世界500强时必不可少的一种推动力量。它充分彰显了任正非的智慧和胸怀。

与中兴一较高下

> PHS① 技术不是什么先进的技术，但没想到 5 年会持续建设，这是政策造成的，但是我不后悔，得过几年再来总结。
>
> ——任正非

一直以来，在国内，华为都有一个齐头并进、相互追赶的老对手，这就是 1985 年成立、早华为三年在深圳立足的中兴通讯。两家掌门人性格截然相反，但创业时的传奇经历却惊人相似，对于公司目标的战略发展也有异曲同工之妙。两家从 1996 年开始，斗到 2009 年，经过 13 年的长期战役，最后才见分晓。不得不说，这场战役是一场"谁笑到最后谁才是胜利者"的有勇有谋的拉锯战，它比的不仅是技术，还有战略决策、市场营销、产品研发的敏感度，甚至还是一场坚韧不拔、永争第一、誓要打败对手的心理战。

任正非是军人出身，在 40 多岁一无所有的情况下，选

---

① PHS（Personal Handy-phone System）是固定网络的补充和延伸，也被称为无线市话，俗称"小灵通"。

择自主创业，背水一战。曾经落魄不堪的生活经历，定然在他人生的旅途中有着不可磨灭的印记，曾经的军旅生涯也使他更加好胜要强，做事雷厉风行、果敢。中兴掌门人侯为贵，原本是航天系统陕西 691 厂技术科科长，辞职来到深圳后，先是做电子表、电子琴等加工业务，后投资 300 万元，从办小厂起家。准确地说，中兴应该源于国家航天通讯部，属于国有企业改制的公司。因此，侯为贵的性格更趋向于温和、低调、内敛、儒雅、宽厚，作风也稳健，因此他有个绰号叫"牛性大佬"，而任正非则倡导的是"狼性文化"。

狼与牛的对战，精彩纷呈！

1996 年，华为跟中兴为了打破原来产品的单一性，都选择了向接入设备、移动通信和光纤传输等领域进军。两家公司的产品重合度高，因此，从这一年起，两家公司的竞争正式拉开序幕。

1998 年，中国联通与高通公司因知识产权问题发生纠纷，在第一次 CDMA95 招标项目中途夭折。同为竞标对手的华为和中兴，对于未来中国联通再次招标的重心需做正确判断。这就像是一场豪赌，谁赌对了，未来市场就会是谁的。

这时候，任正非分析，相对落后的 CDMA95 项目将不可能满足几年后的市场需求。他预料中国联通的再次招标，将是更为先进的 CDMA2000，于是果断下令放弃对 CDMA95 的研发，改为研发 CDMA2000。

而此时，侯为贵却认为 CDMA95 标准不低于 GSM，移动网络也不可能直接越过 CDMA95 而跳到 CDMA2000 上，就算研发后者，也需要前者的积累。他下令，重点研发 CDMA95，并同时投入 CDMA2000 的研发。于是，一向习惯紧跟华为步伐的中兴，这次出乎意料地做出了你向左我向右的选择。

2001 年，中国联通再次招标，目标锁定 CDMA95 加强版。华为因在战略上出现偏差，中兴在国内这一领域首屈一指，毫无对手，一举拿下 10 个省份 7.5% 的份额。次年年底，联通二期招标，中兴再创佳绩，获得共 12 个省份总额 15.7 亿元的设备采购合同。

早在 1998 年，在争夺湖南、河南两省的交换机市场投标竞争中，华为与中兴的竞争从背后较劲，直接浮到台面上来了。

两家的竞争还表现在小灵通市场上。

2000 年，互联网泡沫不仅让国外通信设备市场萎缩，国内市场也未能幸免。华为此时也首次陷入发展停滞状态。此时，风靡日本的小灵通技术传入我国，中兴认为小灵通投资小，话费低，适合低收入群体。而任正非则认为小灵通是一项技术落后、没有前途的技术，他宣布华为不参与小灵通的研发和销售。

就在华为宣布放弃小灵通的研发后，侯为贵宣布中兴把市场主攻方向放到小灵通上，两家再次一个向左，一个向右。

之后中国迅速卷起一股小灵通之风，仅在成都，一个月内，小灵通的用户就超过了 30 万，全国小灵通用户超过 1 亿，这意味着每 13 个人中就有一个人是小灵通用户。

中兴再一次凭借准确的判断力而迅速崛起壮大，与华为之间的差距也越来越小。在全球互联网进入冬天的冰封时刻，中兴却凭借小灵通市场赚得盆满钵满。2001 年华为第三季度大会上，任正非面向全体管理层，公开承认自己决策上的失误。

2004 年，小灵通用户高达 6000 万，小灵通市场基本都是中兴与斯达康的，华为痛失该市场，损失严重。任正非对此并不十分服气，他说："PHS 技术不是什么先进的技术，但没想到这 5 年会持续建设，这是政策造成的，但是我不后悔，得过几年再来总结。"

虽然"塞翁失马，焉知非福"，事物也总是辩证发展，未来鹿死谁手还不好说，但因为连续失误，任正非还是将权力下放，改革了华为内部高层责任机构，采取了 7 人组成的EMT（Executive Management Team，经营管理团队）管理架构。由 7 人轮流做主席，轮班管理，每月定期召开会议，负责对公司的整体业务运作进行指导监督，对公司战略和运作过程中的重大事项进行决策，以确保华为的决策更加科学而周全。这种管理方式，有效推动了华为持续健康发展。

小灵通市场的失去并没有让华为人丧失骨气，那种拼命三郎的狠劲儿，却被彻底激发。在中兴将重心转移到小灵通时，华为却把整个公司三分之一的研发力量都投入到了 3G 研发上。

华为将 WCDMA（Wideband CDMA，宽频码分多址）作为公司新的增长点，全球 40 多个华为分公司及合资公司、研发体系都参与到这项研究中来，并根据各自优势进行分工。华为这次集中一切优势兵力攻坚克难，决心要打一个翻身仗！

除了在国外招收这方面的技术研发人才，在国内，华为还同北京大学、清华大学、东南大学、中国科技大学、成都邮电大学、西安邮电学院（现西安邮电大学）、复旦大学、西安交通大学等国内知名高校进行了广泛合作。最终，华为研制出了具有自主知识产权的 ASIC 芯片。

1998 年到 2001 年，华为推出 GPRS 商务系统，进行 WCDMA 系统外场试验，在国内申请相关技术专利高达 132 项，在国外也达到关键性技术专利 18 项。

2002 年，华为的 WCDMA 已开始实现规模化供货。2003 年，完成了与业界主流 3G 设备供应商、手机厂商的兼容性测试。2004 年，华为在 3G 上累计投入资金超 50 亿元，研发人员达到 5000 多人。华为最终成为了全球 3G 市场上的重要参与者。

虽然技术已经十分先进，但市场发展却缓慢，中国 3G 市场直到 2008 年才正式启动，又由于信息部迟迟不发牌照，使得设备商们对标准的选择成了一件头疼的大事。

对于 WCDMA、CDMA2000、TD-SCDMA 这三大标准该如何选择，是华为跟中兴等公司都面临的艰巨问题。

中兴侯为贵这时已有足够的资本从容应战，他选择 WCDMA，适度研发，并将原本的 CDMA95 平稳过渡到 CDMA2000 的研发上。同时，对于 TD-SCDMA 方面，则选择与国内大唐电信靠拢，双方共同起草国际标准，试图得到政府的支持。

2008 年，中国电信抛出 270 亿元网络招标订单，华为跟中兴的竞争实实在在到了明面上。

华为先发制人，100 多亿元的设备招标，华为只给出了 6.9 亿元的低价，报价是阿尔卡特－朗讯的 1/20。在这种情况下，中兴只得临时更改标书，但降价标书却在次日被工作人员错过了送达时间，这次竞标，华为胜出。

2009 年，3G 牌照终于迎来了春天，中国联通再次招标，华为和中兴再次角逐，双方互放烟幕弹，中兴甚至报出"0"价，但屠刀价格并没有挽救它。在 WCDMA 这块领域研发上，它的技术实在比不上华为，最终只能以 20% 的市场份额落败于华为的 31%。经调查，从 1998 年到 2000 年，中兴年销售额从 41 亿元增至 102 亿元，而华为则从 89 亿元增至 220 亿元，华为是中兴的两倍之多，谁胜谁负，一目了然。

用中兴人的话说："华为人的眼里，随时都放着一种要去抢市场的光。"

大战国外巨头

> 我青年时代就十分崇拜贝尔实验室，仰慕之情超越了爱情。
>
> ——任正非

随着华为交换机的迅速崛起，以及国内激烈的价格战，国外的一些巨头认为此时交换机的寒冬已经来临，日本 NEC（Nippon Electric Company，日本电气股份有限公司）和富士通首先宣布退出中国市场，但北电、西门子、朗讯、爱立信等国外巨头，仍虎视眈眈，不肯让步于中国品牌。2000 年，中国银行曾经准备建立全国呼叫中心，华为一心想啃下这块硬骨头，但朗讯等其他巨头，又怎能善罢甘休？虽然强敌如云，但华为却不甘落后，因为它有一颗生机勃勃的野心。

2000 年，华为还在起步阶段，朗讯就已经是在中国通信市场长期占据第一位的巨头了。它是一家美国老企业，成立于 1886 年，前身是美国电话电报公司（AT&T），擅长搞兼并收购，到 1983 年时，它的资产已达到 1600 亿美元，在美国长期占据垄断地位。

由于美国政府实施反垄断法，使朗讯不得不于 1984 年解体。解体后的新朗讯继续热衷于兼并收购这一方式，20 世纪90 年代初，相继又收购了其他多家公司。由于各方业务不断发生矛盾，大规模技术、资产的兼容并没有给公司带来盈利。在这种情况下，朗讯继续解体。1996 年 10 月 1 日，朗讯科技公司正式成立，而大名鼎鼎的贝尔实验室，也从此划归朗讯科技公司。

贝尔实验室牛在哪里？它前后诞生了 11 位诺贝尔物理学奖获得者，数字电子计算机、通信卫星、太阳能电池、晶体管、激光器等许多重大发明均源于这里。该实验室总共有 3 万多项专利，且以每天超过 3 项专利的速度飞速发展。

1997 年，任正非去美国出差时，亲自参观了著名的贝尔实验室。他说："我青年时代就十分崇拜贝尔实验室，仰慕之情超越了爱情。"

试想一下，当年崇拜朗讯的小粉丝，如今要跟自己的偶像去激烈竞争，那会是一种怎样的场面？

2000 年，中国银行全国呼叫中心的承包商是 IBM，朗讯与 IBM 已有多年的合作关系，任正非想突破这道口子，难度就像拆散一对亲密恋人，让其中一方跟你走。在很多人看来，这根本就是天方夜谭。

为了战胜朗讯，华为经过一番精密的计划，最后任正非下令：与客户搞好关系，从这方面重点打击朗讯。随后，华为就派出了大量精兵强将，纷纷到各地开展公关。过程虽然艰难，但最后华为还是凭借自己的诚意，打动了客户。

华为步步紧逼，而朗讯则节节溃败。之后，朗讯在中国的大部分市场，被华为抢占。到了 2006 年 4 月，朗讯已经无力支撑，与华为的几百次交锋，均以失败结束。它最终也被上海贝尔以大约134亿美元的价格收购了。

从仰视到击败对方，华为背后付出何其之多，这是大众看不到的，而任正非也不会让它曝光于天下。他知道，一个企业在发展过程中，会有更多意想不到的对手在路上静静地等待着他。他要随时做好准备，因为每一次交锋，都有可能决定自身的命运。

德国西门子是一家质量和品质绝对一流的企业，它生产出来的交换机，性能稳定；最难能可贵的是，一般交换机超过负荷70%都会报警，而西门子的可以达到150%，且仍然可以稳定运行。这让它家喻户晓、闻名遐迩。

但西门子的交换机跟德国人的性格一样，虽然稳健，却也有一些不足，那就是刻板。因为过于追求质量，对产品精雕细琢，所以时间花费长。且随着国内电信业的不断飞速发展，需要运营商推出一些新型业务，也就是说，谁能更快速地提供大量现场服务，谁就有可能占领市场。

华为犹如一匹放荡不羁的野狼，它总是会以最快的速度冲向前方，给对手一个措手不及。速度快、员工数量多、价格低、精良无比的售后服务——扬名在外的华为，在这种情况下，就很容易受到市场的青睐。而相反，西门子由于制作过于精良，迎接低价挑战绝不可能，而它的售后服务费用也同样贵得惊人，因此，它很快就面临了被市场淘汰出局的局面，几年后，西门子的灰白色交换机也变成了华为的黑色。

华为另一个强大的国际对手是大名鼎鼎的爱立信。爱立信是瑞典老牌、全球领先的"巨无霸"公司，它成立于1876

年，是全球最大的移动通信设备商，业务遍布 180 多个国家和地区。单就通信而言，它在 WCDMA 领域首屈一指，但其产品线比较单一，在交换机方面也没有投入太多的研发。因此，当国内交换机市场竞争愈发激烈，华为迅速崛起之时，爱立信竟能审时度势，很有"自知之明"地宣布退出该市场，这也就意味着华为在交换机领域有了更多的市场。

就在华为以"速度""冲刺""破釜沉舟"等坚定决绝的信念与国外巨头分庭抗礼且取得骄人战绩之时，华为内部却出现了问题。华为将迎来一个更难对付、不忍对付，但又不得不对付的强大对手，那就是李一男创办的一家公司。

华为的地盘没有"港湾"

> 年轻人搞技术开发，碰壁是常有之事，最重要的是能够吸取教训重新再来。
>
> ——任正非

在华为，任正非有一员情如父子关系的大将，他就是李一男。华为高层集团甚至认为，李一男就是未来任正非的指定接班人。李一男何许人？他1970年生于湖南，15岁就考上了华中理工大学少年班，22岁硕士二年级时经校友郑宝用推荐，来到华为实习。对任正非的"绝不让雷锋式员工吃亏""绝不让雷锋穿破袜子""绝不让焦裕禄累出肝病"的口号，他深受感动，一下子就喜欢上了任正非，并对任正非充满敬意。而任正非对李一男实习时的种种表现也格外满意，对这个才智过人、聪明斯文的年轻人寄予了很高的期望。

在李一男实习期间，任正非就委托他主持研发一个技术项目，并且在公司经济尚未回暖之时，不惜花费20多万美元为李一男购买一整套试验设备，全力支持他的工作。对一个实习生如此厚爱，当时华为许多人认为任正非是在做一次疯狂的冒险。

当时这套设备不远万里从国外进口到深圳，由于国内市场突转直下，李一男负责的研究项目最终被搁浅，20多万美元也打了水漂。李一男不仅没给公司创造价值，反而让公司蒙受损失，但任正非却安慰李一男道："年轻人搞技术开发，碰壁是常有之事，最重要的是能够吸取教训重新再来。"

年轻的李一男惴惴不安之余，对任正非充满了感激。硕士毕业后，他放弃了出国留学继续深造的机会，义无反顾投入到华为的怀抱中。据说任正非求才心切，当时还特意通过华中理工大学的老师联系到李一男，极力劝说他加入华为的队伍中来。

双方原本就有感情基础，加上李一男对任正非感激不尽，任正非又对李一男"宠爱有加"。加入华为后，李一男在华为这个广阔的舞台上，个人价值得到了最大程度的发挥。

据资料显示，李一男加入华为的两天时间里，就被任正非提升为公司正式的工程师。两周后，因为他解决了一项技术难题，被破格聘为高级工程师。半年后，因工作出色被任命为华为公司最重要的中央研究部副总经理。两年后，因贡献突出被提拔为华为中央研究部总裁及华为总工程师。四年后，被火箭式提拔重用的李一男，成为华为最年轻的副总裁，那时他刚刚27岁。

起初的顺风顺水、春风得意、前途光明，却为日后两人的矛盾重重、分道扬镳埋下了隐患。李一男是技术型天才，他对未来技术的发展趋势有着惊人的洞察力。外表瘦弱斯文、戴一副高度近视眼镜、说起话来轻声轻气，并不引人注意的李一男，却十分聪慧，又有领导力，公司内部员工惊叹道：

"李一男的一举一动都会影响华为的发展方向。"

而任正非对李一男也格外赏识和喜爱。在李一男担任公司项目总工程师时，任正非几乎每天都会过来看望他，对他十分关心。在孙亚芳没来华为之前，李一男在华为的地位就是"一人之下，万人之上"，稳坐第二把交椅。

让华为打了翻身仗、销售火爆的 C&C08 交换机就是李一男主持研发的；之后的万门交换机，也是在李一男的带领下，没日没夜地吃住在机房，经过刻苦勤奋的努力，好不容易研发出来的。

任正非曾说，搞交换机的钱都是借高利贷而来的，如果研发不成功的话，他就只有从五楼跳下去。可见，从某种意义上讲，李一男就是任正非命悬一线的救命者，是任正非置之死地而后生的技术后盾，其重要程度可想而知。研发工作也有不尽人意之时，最困难时刻，即使聪明过人如李一男，也曾不无忧伤地感慨，"我可能要干不下去了"，但最终在他的努力下，还是拯救华为于水火之中。

1998 年，孙亚芳当选为华为公司董事长兼常务副总裁，华为形成"左芳右非"最佳组合，李一男在华为的地位似乎有所下降。

在李一男出任华为总工程师时，他主持开发了华为光网络、GSM、智能网、接入服务器等产品，使华为成了移动通信领域内的领跑者。也正因为李一男出色的工作能力，他得以被提拔为研究部总裁，但他的职位其实接替了原本介绍他过来、级别高过他的郑宝用的研发大权。

虽说任正非考虑的是，两人一个年轻气盛、浑身充满干劲和创新精神，另一个成熟稳重、经验丰富，如果二者能很好地结合起来，将会让华为的研发工作更上一层楼。但是，想法虽好，这一安排，恰恰起了反作用。郑宝用跟李一男的关系不仅没有加深，反而出现了隔膜。郑宝用常对李一男发号施令，而李一男对有悖于自己的建议也非常不服，两人之间的矛盾逐渐由暗转明，最后公开化了。这不得不说是华为的一种"损失"。

此时，任正非虽说两边和稀泥，但效果不大，两人的矛盾根本无法调和。

由于李一男性格耿直，又少年得志，很少对人假以颜色，说话不会拐弯抹角，直来直去，书生气十足，没什么为人处世的经验。当他跟郑宝用之间爆发矛盾之时，他也很少掩饰，而是正面与对方发生冲突，导致战火升级。

有一个例子可以看出李一男的性格。有一次公司聚餐，一个员工给在座的所有领导敬酒，其他人都应付过去，但李一男以身体为由不愿喝酒。这位员工不了解李一男的脾气，执意相劝，结果李一男脾气上来，当场就把对方骂了一顿，拂袖离去。

据华为高层证实，任正非的脾气也十分火爆，对已经担任副总裁的李一男态度常常相当粗暴，李一男做错什么事，他说骂就骂，说踹就踹。李一男的脾气在某些方面非常火爆，这点跟任正非是很相似的。按说相似之人理应更加相知，但有时过于相似，反而会激发矛盾。强者对强者，针尖对麦芒，一个人同自己影子打架，谁又能打赢谁？只会迷失心智，变得更加好胜好战。

李一男不仅跟郑宝用有矛盾，跟任正非和其他许多公司高层也有不可言喻的矛盾，这些，都为他日后离开华为埋下了隐患。

小灵通进入市场时，华为研发部门希望在研发无线设备方面找到一个方向。李一男看重欧洲的DECT①，郑宝用倾向于日式的 PHS，而任正非则想要来一次大跃进，让华为全心投入到 3G 上。对于任正非的业务思路，李一男很不赞同。不善人际交往的李一男，不是在私下找任正非商讨这个问题，而是直接在一次媒体采访中表达了自己不赞成做 3G 的看法。但随着华为的不断发展，此时公司人才济济，研究员成千上万，再也不是一个人的研发结果就能决定公司命运的时代了。

我们假设，对于伯乐任正非的所有"考验""打磨"，李一男打心里是完全接受、认可的。但其他人对他的"虎视眈眈""各种复杂的心理"，却不见得也能接受。对李一男这种一门心思干工作，而不擅长搞人际关系的人来说，处境尴尬，又没有得到伯乐的理解，才是他最终心灰意冷决定离开的原因吧。

之后，任正非考虑到李一男跟郑宝用之间的内讧已是人尽皆知，为了避免对公司发展继续造成不利影响，只好对李一男"开刀"。

李一男被任正非从中央研究部调到了负责市场的产品部，这对李一男来说完全是"一窍不通"，简直是一种折磨。而他

---

① DECT（Digital Enhanced Cordless Telecommunications）是数字增强无绳通信的英文简称，是由欧洲电信标准协会制定的增强型数字无绳电话标准。

作为一名门外汉，以市场部副总裁的身份来到这里，加之当时市场部副总裁已经有六名了，他的身份就显得非常尴尬了。

每当市场部开常委会时，只要李一男一开口说话，现场立即进入鸦雀无声状态。大家对他的意见不满意，也不当面提出来，而是背地里向公司最高层反映。

这样的尴尬处境，人际关系的困扰，以及对自己前途的迷茫，最终让李一男下定决心离开华为。

跟李一男截然相反的是郑宝用。当别人问他为何不离开华为时，他给出的回答是："哎，很多兄弟看着我，我不能走，我走对华为影响太大！"

李一男正是少了些像郑宝用这种圆润熟思的"性情"，才在人际关系处理上陷入被动的。当下定决心离开时，任正非虽屡次挽留，又派手下副总裁轮番上阵做他的思想工作，但对他来说，留下来已经没有多大意义了。

华为离职的总裁也不在少数，但李一男的离职，无疑是分量最重的一个。为了避免影响军心，任正非让李一男在欢送大会上宣读内部创业个人申明，表明自己跟华为之间还是情深义重，充满感激的，自己只是想尝尝创业的滋味，不会对华为产品造成影响等。这样，任正非也为李一男举行了特别隆重的欢送会。这在公司也是绝无仅有的。

天下没有不散的宴席。有些时候，是由许多事情累积而来的，不是三言两语就能说得清，是总要积累到一个彻底失望的时刻，才会挥手说拜拜，才会走得义无反顾。马云曾说："员工离职的原因林林总总，只有两点最真实：一是钱没到位，二是心委屈了。这两点归根到底就是一条：干得不爽。"

任正非对于李一男的离开，是伤心、失望，还是不舍、痛苦，又或者是无可奈何、内疚自责，还是痛惜扼腕，抑或无所谓，只有他自己知道，别人无从知晓。

不论任正非出于何种考虑，对李一男做出的种种安排，从这一刻起，都成了过去时。他们以表面友好的分别方式，道了句"珍重"，说了声"再见"。

人生的路太漫长，走着走着，可能就随着不同的境遇跟心态的转变，渐渐地偏离了原轨道。任正非和李一男之间，起初还是友好分手，分手之后也没想过做敌人，但最终又都未能免俗。

2000年底，李一男带着属于自己的股权结算和分红，即总计1000万元来到北京，创办了自己的公司：北京港湾网络有限公司（以下简称"港湾"）。

港湾起初是代理华为产品，属于华为内部创业，任正非也给予了很多支持。但李一男毕竟是技术出身，又对市场有敏锐的洞察力，半年后，他已不满足于仅仅只代销华为产品，经过自主研发，港湾又推出了自己的新设备，逐渐为运营商、政府机构等部门提供属于自己的全新的宽带IP网。

港湾创建一年多，李一男手里的1000万元很快就花完了。公司处处用钱，处处需要人才，而新成立的港湾又不可能拿出足够多的资金来培训新人。于是，李一男只好回华为"挖人"。

2001年，华为上百人加盟了港湾；2003年，同为华为出身的自主创业者黄耀旭也投奔到李一男麾下。所有跟李一男共处过的同事，都对他充满信心，对未来充满动力。

港湾现在唯一缺的就是钱。只要有足够的资金支撑，凭借新技术和不俗的人才队伍，在市场上占有一方天地，还是很有可能的。

事实证明，仅仅一年多，港湾就在市场上达到了7%～8%的占有率，而拼搏多年的华为，此时也才不过10%～15%的占有率。港湾的迅速崛起又有着华为的基础，所以，外界称港湾为"小华为"。

港湾同华为的产品存在多种重合不可避免，两家的竞争此时也愈加激烈。李一男凭借聪慧的头脑，迅速研发出比华为更先进的通信设备，原本在国内占垄断地位的华为受到了港湾不小的冲击。

李一男最需要的就是风险投资了。此时，多家公司，如淡马锡控股公司、华平投资、TVC投资公司等都看到了港湾的飞速发展，对李一男主动伸出了橄榄枝，并多次追加投资。风生水起的港湾，前后共获得了1.16亿美元的风险投资，这是一笔不小的资金。往好处说，李一男再也不用担心资金问题，有了足够多的钱，他就可以放开手脚，拓展市场了；但往坏处想，投资越多，股东对李一男的经营就越制约，这也是一种无形的危机。

李一男很有头脑，他采取了任正非常用的"集中优势资源做一件事"的策略，把精力首先用在"宽带市场"，接着又推出机架式、太网骨干交换机、大容量机架式IPDSLAM，以及OC192接口的T比特核心路由交换机。

港湾的第一个产品上市就"卖疯了"，其中仅在宁波的一个工程就中标3000万元。港湾的创收由第一年的7600万元，到次年的 1.47 亿元，再到后来的 4.2 亿元、12 亿元，而当时华为的销售收入是 150 亿元。

就在港湾快速发展之际，华为却陷入了一系列不尽如人意的状况。忽略小灵通市场，重金投入研发的 3G 技术只能苦苦等待市场的到来，这让老对手中兴步步紧逼，在联通的 CDMA 招标中又意外失手，美国思科也将华为告上了法庭……

内忧外患，让华为苦不堪言。尤其擅长打击海外竞争对手的思科，既恃强凌弱，又用低价打绞杀战，同时祭出撒手锏，不惜耗时耗力，同华为打起知识产权的官司，试图将华为挤出美国电信市场。

就在思科无端找借口百般打压华为的同时，国内媒体却没有像美国媒体那样帮衬自己国家的企业，而是大部分站在了思科那边。同时，思科故意制造媒体舆论，借以"考验中国政府保护知识产权的决心"。

任正非所面临的压力可想而知，这使他对"落井下石"的港湾怒不可遏。当华为终于费了九牛二虎之力打赢了官司后，任正非马上就腾出手来对付港湾。

任正非沉着冷静，组织得力干将成立"打港办"，不惜一切代价对港湾进行全方位封杀、打击。首先占领港湾的市场，接着挖人，然后阻止港湾上市或卖给他人。

同时，华为还收回了授予港湾销售华为产品的代理权，并与 3Com 成立了合资公司。合资公司关注的就是港湾的所有数据业务，是专门用来对付港湾的。据说，任正非对港湾的打击程度，让李一男刚一接到邮件，就预知了即将面临的可怕后果。

为了全面封杀、打击港湾，华为一年多时间就花去了 4
亿元，港湾很快一蹶不振，陷入停滞。2005 年，国内所有电
信运营商开始集体清退港湾产品，而那些风险投资商也坐山
观虎斗，不再给李一男投钱了。

港湾若想起死回生，就只剩下上市一条路。只有上市，
才能重新圈回大量资金，让投资尽快收回来。就在李一男着
手布局港湾上市时，美国证监会却收到大量匿名信，状告港
湾侵权等一系列问题，而彼时的美国刚刚经历"安然事件"，
"宁可错失 1000 家好公司，也不让 1 家坏公司混进来"，美
国政府部门对待上市申请的态度变得异常谨慎。港湾想调查
清楚这一系列问题，至少需要几年时间，这么长时间的等待，
港湾根本耗不起。

2005 年 9 月，任正非的一封律师函寄到了港湾法务部。
字数不多，措辞严厉，内容是状告港湾侵犯华为知识产权。
相同的招数用在华为身上，华为能经得起打击，但港湾却不
能，它才刚成立没多久，羽翼尚未丰满。况且李一男有没有
在自家产品中用到华为的技术，他自己恐怕也解释不清。港
湾上市之路，到此结束。

2005 年底，港湾找到了一个大买家——西门子。为了阻
止港湾被西门子收购，任正非又成立"挖人小组"，使出浑
身解数，不惜以 1000 万元价格，将港湾深圳研究所语音小
组所有成员挖到华为。这个小组的失去，意味着港湾的 VOIP
（Voice Over Internet Protocol ，网络电话）业务全军覆灭。李
一男失去了自己最后的翻盘机会！

这种情况下，西门子最终放弃了对港湾的收购。港湾上

市无望，市场断绝，股东联合施压，已到了走投无路的境地。无可奈何之下，李一男向任正非正式妥协。2006年6月6日，华为开出17亿元高价，成功收购港湾。李一男再次成为任正非的手下。

李一男灰头灰脸地回去，任正非先是安排他在深圳坂田华为公司总部上班，任命他为华为副总裁、首席电信科学家；时隔不久，就把他调到北京，而李一男新的办公室面积不足4平方米。同时，李一男还得忍受两年收购绑定期，才能离开。

两年后，李一男果然再次离开华为。他先后在百度被任命为公司首席技术官；之后加盟中国移动，被任命为12580运营部CEO；2011年加入金沙江创投。后来因涉嫌内幕交易被人举报，锒铛入狱。华为与港湾，这其中的历历往事，刀光剑影，早已随着岁月的更替，成为了历史。

国际官司，思科溃败

这是思科送给华为的一个意外礼物。

——任正非

上节讲到，就在李一男铆足了劲跟华为一较高下之时，华为还没来得及腾出手应付，就遭遇了国际巨头思科地打击。波谲云诡的商界，你永远不知道下一秒将要面临什么。任正非惊讶之余，也只能咬紧牙关，迎难而上。

思科主动挑衅华为，是因为华为介入了数据服务器业务，并且这个业务的研究水平，已经可以跟思科并驾齐驱了。华为在国内攻城略地后，又将战略目光转移到了美国市场。而美国是思科的大本营，华为在中国将思科打得落花流水，又跑到美国同它继续竞争，思科当然要想尽办法予以还击了。

2002年6月，在美国亚特兰大举行的电信设备展上，思科的企业经理人——世界著名的经理人之一钱伯斯，神态严肃地来到了华为的展台前。他在华为展台探查了十几分钟后，发觉华为的产品在质量和性能上几乎与思科处于同一水平线，但产品价格却低了一半。钱伯斯心情沉重地返回了公司，立即下令成立打击华为小组，并很快制订了相关方案。

与此同时，华为也意识到，华为的产品在美国市场占有率为30%，要想做大，美国市场就必须一股作气全部拿下。而此时在美国加利福尼亚州圣克拉拉市成立的美国华为，也早将竞争对手锁定为思科。为了造势，华为在自己公司的宣传图片上展示了自己的最新产品，喊出的口号也给对方迎面一击：不一样的只是价格。

之所以敢"虎口拔牙"，这与任正非的雄心壮志分不开，也与华为的产品质量值得信赖分不开。他早已料到双方会有一场拼杀。任正非带领团队，凭借一路走来不畏强敌的狼性精神，以高性能低价格和优质的服务质量为准则，不断在美国市场提高了产品销售额。占山为王的思科节节溃败，面对本土产品市场不断下滑的局面，思科不可能坐以待毙，他们首先想出了一个扼杀对手百试百灵的办法，那就是打知识产权官司，这个办法耗费时日，很容易打击对手。

1982～1983年间，美国的IBM就曾用此办法，先后状告了富士通、日立、三菱等公司，时间最长的达6年之久，最后取胜不说，还获得了巨额赔偿。而在中国，改革开放之初，国内的年轻企业对知识产权还缺乏清晰的认识，几乎都是仿照国外产品起家，根本没有几家拥有自己的知识产权。所以，在国外看来，一旦有关知识产权的一纸诉讼送到相关企业手里，那家企业一定会惊慌失措，未战先输。

但这招对华为来说却不管用。俗话说，"家里有粮，心里不慌"，任正非有足够的底气来迎接"陷害"。他首先让华为技术小组对自身产品做了一番全面体检，然后拿出一份报告，证明华为的产品绝对没有问题；接着根据产品报告，停止在美国本土销售涉嫌有争议的路由器，做出全面部署。

但思科对于华为撤回路由器的举动借题发挥、大肆报道，并请来了专门擅长打知识产权官司的律师，在美国得克萨斯州的马歇尔联邦法院递交了一份长达 70 多页的诉状，历数华为软件和专利的侵权行为。这一系列看似"正义凛然"的举动，让华为很快陷入了被动的境地。

面对思科咄咄逼人的四项起诉：起诉华为盗用思科 IOS 源代码、盗用思科技术文件、盗用命令行接口和至少侵犯思科五项专利权，任正非却精神抖擞，因为华为虽然没有打境外官司的经验，而且一旦输掉官司，面临的后果将不堪设想，但他深知这其中的利害关系，深知华为在知识产权方面已经取得了长足进步，华为手中的众多发明专利，足可以拿到法庭上与之抗衡，只有硬碰硬，正面迎接挑战，才能做到"敢打才能和，小输就是赢"。

当时正值春节，任正非开玩笑地说："这是思科送给华为的一个意外礼物。"为了捍卫自己的尊严和利益，也是为了捍卫中国企业在异国他乡的荣誉与地位，华为迅速成立了一支应诉团队，在郭平等人的带领下，专程飞往美国，就知识产权、法律、数据产品研发等方面，做出了详细部署。

跨国官司备受瞩目，任何一点消息都会引起媒体的疯狂报道，这在无形之中提高了华为的国际知名度。中国古人所言"福祸相依""塞翁失马，焉知非福"，不无道理。

诉讼案之初，华为绝对处于被动局面，美国媒体只知道本土有个思科，哪知道远在中国还有个可以与之相抗衡的华为！几乎所有舆论都偏向了思科这一头。国外媒体如此，就连国内一些媒体，对自己国家的产品也不是十分有信心。

随着思科的不断"进攻"，思科新闻发言人呼吁全球客户拒买华为产品，并提醒大家可能会引火烧身后，不少原本打算与华为合作的客户，此时也采取了观望态度。郭平却在此时异常镇定，他坐镇指挥，要借此机会，让世界了解华为——

郭平首先找到爱德曼公关公司，通过这家公司成功约见美国媒体，对《财富》《华尔街日报》等媒体讲述了最真实的华为，且重金请来美国最著名的擅长打知识产权官司且极富实战经验的大律师，并将其送到中国，让他亲自参观华为研发基地，打消其思想上的顾虑。

经过一系列部署，华为的律师决定从"私有协议"上大做文章。"私有协议"指的是在实现网络互通而制定标准和规范之前，由于某家公司先进入市场而形成的标准。一旦认定其为"私有协议"，则意味着对方出现了垄断行为。

郭平意识到媒体的作用，通过媒体不断传送信息，逐步让公众明白到，思科之所以跟华为打官司，就在于其想通过跨国诉讼达到其垄断市场、遏制竞争的目的。

华为的律师在法庭上也义正词严地对思科进行批判："作为全球电信网络设备制造企业的领先者，思科害怕与华为竞争，因此发动了一场散播错误信息的运动。"

这一反击虽然实事求是，打得漂亮，但对思科的影响还不算大。接下来，郭平又做出了其他诸多部署。先是和美国的 3Com 公司合作成立合资公司，共同经营数据通信产品研发、生产和销售，接着又把斯坦福大学做数据通信研究的教授请到华为总部，请他对思科与华为的两个版本做对比分析，用实际分析证明，华为的平台源代码仅有 1.9% 与思科的私有协议有关。最后，华为律师反控思科令华为在美国市场受挫，要求索赔。

同时，被请去深圳参观华为公司的美国 3Com 公司 CEO 出庭作证，讲述了自己亲眼所见的华为，并有力地证实了华为的实力：华为的专利，在 2003 年已经达到 1500 件。申请国外专利累计达到 3662 件。国内专利 3462 件，85% 属于发明专利。获得授权专利 686 件。在美国、欧洲等地，累计申请国外专利 200 件，申请 PCT 专利 226 件，是发展中国家申请PCT 专利最多的企业之一。

他还在公开场合多次表示："任正非的故事如果放在美国的话，那也是一个令人惊异的成功者的故事。"

美国人崇尚英雄，尊重强者，这在许多美国电影里都可以鲜明地感受到。当他们意识到先前对华为过于小觑，意识到思科以大欺小后，开始渐渐对华为产生好感。随着双方不断举证，美国媒体对华为的报道也越来越客观。

2003 年，双方的源代码验证完毕，华为的源代码被证实是"健康"的，美国法院终于做出了一个给思科公司面子、给华为里子的平手判决："华为停止使用思科提出的一些有争议的路由器源代码、操作界面和在线帮助等文件。"

就这样，华为没有花一分钱广告费，却让自己扬名国外。事后，思科 CEO 钱伯斯面对媒体的尖锐采访"在所有公司中，哪一家最让你担心？"时回答说："这个问题很简单，25 年前我就知道，我们最强劲的对手将来自中国，现在来说，那就是华为。"

以弱者的姿势，让强者刮目相看，在强者的地盘分一杯
羹，并让强者心服口服，弱者其实并不弱。华为虽然与思科
达成和解，但从本质上看，还是华为小胜。面对强敌欺压，
任正非没有妥协退让，而是表现出毫不畏惧的英雄本色，在
陌生的土地上，彰显着中国人的风采，用自己的实力，给了
对方一个有力的回击。之所以能在别人的地盘上反败为胜，
正是由于任正非不服输、不认怂、胸怀大志，他必将带领华
为这头野狼，冲向更广阔的天地。

挺进香港

中国人终于意识到，外国人到中国是赚钱来的，他们不肯把底交给中国人，中国人得到的只是观念的变化。他们转让技术的手段，都是希望过几年您还要再引进，然后引进、引进、再引进，最终不能自立。以市场换技术，市场丢光了，哪一样技术真正掌握了？从痛苦中认识到，没有自己的科技支撑体系，工业独立是一句空话。没有独立的民族工业，就没有民族的独立。我们未来五年的主要任务是与国际接轨，在产品研究系统上，在市场营销上，在生产工艺装备及管理上，在整个公司的企业文化及管理上，全面与国际接轨。

——任正非

2001 年 12 月 11 日，我国正式加入世界贸易组织。随着中国加入世界贸易组织，中国企业想要拥有更大的发展，走国际化道路是必然趋势。香港号称"东方明珠"，是世界电信公司最集中的地方。20 世纪 90 年代，香港经济飞速发展，内地企业想要参与国际竞争，走进香港，扎根香港，是一个不错的战略布局。

任正非也清醒地意识到，国外是一个可以令华为腾飞的更大市场。他在《目前的形势和我们的任务》文稿中，特别强调："中国人终于意识到，外国人到中国是赚钱来的，他们不肯把底交给中国人，中国人得到的只是观念的变化。他们转让技术的手段，都是希望过几年您还要再引进，然后引进、引进、再引进，最终不能自立。以市场换技术，市场丢光了，哪一样技术真正掌握了？从痛苦中认识到，没有自己的科技支撑体系，工业独立是一句空话。没有独立的民族工业，就没有民族的独立。我们未来五年的主要任务是国际接轨，在产品研究系统上，在市场营销上，在生产工艺装备及管理上，在整个公司的企业文化及管理上，全面与国际接轨。"

而当时的国内状况，也的确如任正非所料：一方面，国际市场萎缩，中国企业想拓展国际市场，存在一定难度；另一方面，国际市场需求紧缩，一些国外巨头为了弥补自身的颓势，一致将目光锁定在中国这块肥沃的市场上，这也造成了中国企业"夹缝求发展"。任正非曾对此说："三到六年内，若不能建立一支国际化队伍，我们在中国市场将面临坐以待毙。"

想发展，就必须有突破。就在任正非打算带领华为挺进香港之时，香港和记电讯却主动找上门来了。

香港和记电讯是哪家？它就是大名鼎鼎的香港首富李嘉诚旗下企业。在香港，香港电讯一家独大，和记电讯是第二大运营商，两家一直在较量。香港回归后，李嘉诚倾向于跟内地企业合作，但考虑到内地企业的服务和产品质量问题，一直未做最终决定。

1996 年，恰逢和记电讯获得了固定电话运营牌照，需要在三个月内完成移机不改号的业务。在时间紧迫的状态下，和记电讯首先跑到欧洲，希望找到能力强大的合作供应商，结果失望而归。国外的电信设备不仅价格昂贵，而且完成项目的速度已经来不及了。

这种情况下，业内人士向李嘉诚推荐了华为。华为就是市场上的一只野狼，无论是价格，还是完成项目的速度，简直无与伦比。于是在这种情况下，华为竟成了和记电讯的"贵人"。

双方接触后，任正非果断下令，无论遇到什么困难，一定要克服。香港是华为进军海外市场的第一步，一定要拿下！

华为研发人员迅速到达香港，为和记电讯安装了交换机，提供了远端模块等。但到达香港后，华为人员才发现，自己跟国外市场差别很大，制式不统一，网络间各交换机的信令配合千差万别，存在诸多不尽人意之处。

在调试设备时，一名员工发现了病毒问题，却没及时指出来。这样，其他人在不明所以的情况下，继续调试，都犯下同样的错误。C&C08 交换机跟和记原有的交换机出现了严重的不兼容状况，如果问题不解决，经营许可证就别想拿下了。每个人都能感受到任务的艰巨，以及面临着的压力。

为了尽快解决问题，华为工作人员只好放弃节假日时间，买来睡袋，在机房打地铺，继续发挥过往艰苦奋斗的作风。他们顾不上吃喝，加班加点，在狭窄闷热的机房里日夜奋战。不仅内地的工作人员，深圳华为总部的工作人员，也都纷纷放弃了休息时间，主动前来帮忙调试。和记电讯的工作人员被华为人员的做法感动不已，也跟着他们"操心费力"，并提出自己的宝贵意见。

灯火辉煌的香港车水马龙，这些繁花似锦热闹非凡却不属于华为的工作人员，他们放弃了一切可以休息、娱乐的时间，全身心地投入到了工作中去。他们激情忘我的奋斗精神，感染并激励着所有人。

经过一次又一次的调试，不兼容问题终于得到了解决。华为速战速决，最后在不到三个月的时间里，为和记电讯解决了这个大麻烦。不仅帮了大忙，价格上也有诸多优惠。由于原先的交换机太大，为了适应香港这块寸土寸金的地方，他们还特意改良了一下，改良后的产品，甚至可以放到楼梯间里。这诸多"优点"，让和记电讯欢喜不已，对于华为这样的合作伙伴，他们认为真的是选对了。

随后，华为在香港迅速铺开了道路。2008 年，华为又与香港的电讯盈科取得了合作，为电讯盈科建设了香港首个 CDMA 网络服务。双方之后又建立了长期合作关系，电讯盈科由此在短时间内，高效地实现了热点区域快速发展的需求，而华为的触角已伸及香港的二十多个局，产品覆盖了香港诸多重要商业区、写字楼、机场等。

助人助己，多些困难给自己，多些利益给别人；多栽花少栽刺，多些朋友，少些敌人。华为的生存之本，已经由吞噬变成团结，它不再是一家独秀，而是迈向了共赢之路。这也是任何企业生存的强有力保证，是任正非未雨绸缪的一次"大开放"。

莫斯科没有眼泪

> 如果有一天俄罗斯市场复苏了，而华为却被挡在了门外，你就从楼上跳下去吧。
>
> ——任正非

华为布局海外征途的第二站放眼于俄罗斯。之所以把俄罗斯作为开拓海外市场的重点，华为市场部人员是这样回答的："发达国家市场较成熟，准入门槛较高，进入难度较大，因此才把俄罗斯作为开始。"

俄罗斯横跨欧亚两大洲，人口众多，是世界上陆地面积最大的国家。这里的气温以寒冷著称，最低气温可达到零下七十摄氏度。放眼望去，几乎全是茫茫白雪。1994 年以来，俄罗斯经历了"休克疗法"后，经济萧条、物价飞涨，发展缓慢。金融危机下，俄罗斯的电信业几乎停滞。不少国外企业，例如西门子、阿尔卡特等，纷纷面临卖出去产品却收不回货款的尴尬局面，只赔不赚的无奈局势下，纷纷逃离俄罗斯市场。

这时，任正非认为，俄罗斯是一个伟大的民族，这个民族崇尚强者，他们自身也一定能挺过困难，俄罗斯经济迟早会复苏，一旦经济回暖，华为抓住时机，势必可以迅速崛起。

华为进军俄罗斯，并不顺利。任正非踌躇满志，先后派了不下数百人去俄罗斯，但回访后反馈的资料让任正非忧心不已。

首先，俄罗斯虽然经济萧条，但瘦死的骆驼比马大，他们并不欢迎来自发展中国家的产品。徐直军是华为派到俄罗斯的第一位副总裁，据他的回忆，俄罗斯负责软件的领导听说中国公司做交换机，完全采取不信任的姿态，直截了当地告诉他："俄罗斯根本不会用任何新的交换机，所以不可能和华为合作。"

其实，中国搞边贸的一些不法商人，因为向俄罗斯提供了一些假冒伪劣产品，使得俄罗斯对待中国商人的态度不是很友善。俄罗斯的运营商听到华为来自中国后，头也不回就离开了。

中国产品给人的印象，首先就给华为进军俄罗斯市场带来了负面影响，在这种"无场无市"的情况下，华为的产品根本卖不出去。任正非前后派了四拨人过去，第一波是"侦察兵"，负责考察情况，回去汇报总部，为总部排兵布阵做准备；第二波是"勤务兵"，负责开发场地，联系代理商，疏通各方面关系；第三波是"工程兵"，负责产品宣传，预热市场，让华为的品牌走向俄罗斯每一个角落；第四波是"攻坚兵"，负责攻单，拿下海外市场，让华为在俄罗斯生根发芽、开花结果。

前三波均以失败告终，从1994年到1999年，华为一无所获。倔强的任正非不妥协，偏偏不放弃俄罗斯这块市场，而是更加坚定了扎根于此的脚步。1998年，在俄罗斯整体电信业停滞时期，任正非再派出大将李杰，作为华为领导人"潜入"俄罗斯。

李杰当时正在负责湖南市场，突然接到命令，来不及多做考虑，就踏上了俄罗斯之旅。他去俄罗斯时，带去了一箱书籍，专门打发无聊时日。

俄罗斯的生意太难做了，李杰初到俄罗斯还曾意气风发、斗志满满，但坚持一年下来，整个市场完全出乎他的意料，比俄罗斯的天气还让人倍感寒冷。李杰回忆当时的情景时说，每天有俄罗斯官员走马观灯似的在他眼前晃来晃去，有的在打官司，有的在清理货物，让他视线模糊，从一匹嗅觉敏锐的狼，变成了一头冬眠的北极熊。

在俄罗斯蛰伏了一年后，李杰只取得了一笔价值38美元的电源模块生意，少得可怜。他把当地的情况向任正非汇报后，任正非在电话里对他说："如果有一天俄罗斯市场复苏了，而华为却被挡在了门外，你就从楼上跳下去吧。"

这刚毅决然的战斗风格，更符合任正非的军人气质。李杰不甘示弱，坚毅地回答道："好！"

之后，李杰在俄罗斯积极布局，马不停蹄地组建营销队伍，培训当地人才。培训后的人才被派往俄罗斯各个地区，以此形成了俄罗斯当地的一支中坚力量，并在不断拜访客户的过程中，结识了一些俄罗斯经销商，彼此了解，并且取得了信任，而这些人，最后也都成了华为的核心客户群。

根据俄罗斯国家电信市场的一套特殊产业政策规定，凡是俄罗斯使用的电信设备，必须要有一定的国有资本参与其中。任正非于是亲赴俄罗斯，在俄罗斯成立"贝托华为"合资公司。

贝托华为的人员有一百多人，中国人员仅有不到十人，其余全部是俄罗斯当地人员。如今贝托华为，早已经成为俄罗斯电信市场主要的电信设备供应商之一。

1998年，恰逢香港电信新产品展览会。任正非认为这是一个让世界了解华为的好机会。他下令所有华为海外销售人员，要不惜一切代价，让国外电信运营商的决策层前来参观，借着参观香港会展的机会，趁机让他们来到深圳华为总部继续参观。如果请不到电信运营商的决策层，那就请管理层；请不到管理层，就请操作层；请不到操作层，就请他们的合作伙伴，总之要充分利用好这一次机会。华为也为此花了1.5亿元的高额接待费。

然而这笔高额接待费并没有白花。自此之后，华为在国际的知名度明显提高，这次展会上，华为还中标了也门和老挝的招标项目。2000年，俄罗斯经济终于回暖，历经6年的艰苦奋战，华为终于在俄罗斯这块市场上取得了令人瞩目的好成绩。

2003年，华为在俄罗斯实现超过1亿美元销售额，并承建了俄罗斯3797千米超长距离320G国家传输网，而华为在独联体国家也由此声名鹊起。如今，俄罗斯已成为华为海外最大出口国之一。

有句歌词是：莫斯科没有眼泪。孤单的华为人，在无数个莫斯科的寒冷深夜，在自身周围建起一道道围墙，培训销售队伍、建立贝托华为合资公司、借助展览会助力，他们用勇敢不屈、百折不挠的毅力，终于抓住了机会，实现了梦想。

决战亚非拉

> 商业和人生一样，一切触底反弹的奇迹，不过是挣扎着撑到了最后一刻。
>
> ——任正非

"捡漏"这个词常用来形容一些弱者，是指别人不屑一顾的，或者无意中丢失掉的东西，弱者趁机捡个便宜。华为擅长"捡漏"，但华为却不是弱者，"捡漏"只是华为一种婉转取胜的姿势，是一种智者不卑不亢的生存方式。

无论是在国内，还是在国外，当一些大公司看中发达国家市场，而对环境、经济各方面条件相对恶劣的地区不屑一顾时，华为就会趁机"捡漏"，用自己最大的诚意，以及最持久的耐力，果断出手，牢牢抓住这些机会。

当国外一些大市场被西方很多大公司抢占一空时，华为人的春天却来临了。华为反其道而行，把目光聚焦在相对落后的亚非拉地区，进军这些地区，起初也并不顺利，甚至可以说是困难重重。除了生活条件恶劣、局势动荡不安、文化差异等因素外，还有一点，就是这些国家和地区对中国的认识存在严重"偏见"。在他们眼里，中国还是处在穿清朝服饰时期的样子，中国就是一个落后的状态，不可能生产出先进的产品。

负责巴西市场的员工回忆道："你真的难以想象他们是怎么看中国的。他们甚至以为中国人还在穿长马褂呢。有一次我们邀请客户来中国参观，他们出发之前到处找相关书籍，最后决定研读的书是《末代皇帝》！"

负责开拓非洲市场的邓涛讲道："很多人不相信中国有自己的技术，诧异地问我们：'这真的是中国人自己生产的产品吗？'他们怀疑这是发达国家的技术。"

还有更让人啼笑皆非的事，华为的一位高管与巴西客户会面的时候，对方很严肃地问了他两个问题："一，中国有高速公路吗？二，中国有没有自己的电视机产业？"

1999年，中国的经济总量已经超过了巴西，但国外对中国的印象却还停留在从前，华为想要扭转别国对于中国的印象，就必须想尽一切办法，而且这绝非是一朝一夕的事情，它注定是一个非常漫长的过程。

华为副总裁李杰曾坦言："我们驻扎在海外的员工，刚开始工作是很艰难的。当地人往往要花费两年的时间来认识中国，然后再花两年的时间来认识华为，接着还要花两年的时间来认识华为的产品，最后才能答应让我们去参加竞标。"

华为进入非洲市场，经历可谓精彩纷呈。

非洲人口最多的国家是尼日利亚，那里有250多个民族，民族和宗教之间还存在着非常混乱的关系。华为人飞来这里之初，惊奇地发现自己所租的房子四周都围上了铁丝网，还扎了碎玻璃，家家户户都养了狗。后来才知道，原来这里治安非常不好，很多餐馆都被抢过，餐馆的老板每人都会准备一包美元，以防劫匪不时光顾，而警察则全体武装，配备枪弹。华为的工作人员就被洗劫过两次，还有一次洗劫未遂。劫匪的方式简单粗暴，除了内裤，什么都不会给人留下。

尼日利亚在电信领域早就被国际巨头阿尔卡特、西门子、爱立信占领，当地电信运营商对来自中国的华为品牌根本不屑一顾，许多时候，华为的销售人员即使知道了客户在哪里，但高层也根本不会跟他们见上一面。这种尴尬的状况持续了一年多，最后华为的销售人员不得不把目光转移到尼日利亚一个非常偏远的小镇去。

销售人员好不容易卖出去一套价值 200 万美元的 1000 线交换模块，但由于这里其他需求多，华为人员还要额外为他们提供其他专业工程服务，比如站点选取、机房基础设计、建设外线管道的设计等，这一套服务算下来，根本不赚钱。

但华为人为了获得良好的商业声誉，不仅答应了对方诸多要求，还非常敬业地为他们服务。这样一整套服务下来，华为人的精神让当地人佩服不已，双方开始建立起良好的感情。

之后，华为在当地迅速雇用到大量员工，对他们进行培训，跟他们一起搞销售，十分有力地拉近了跟当地电信供应商的距离，同时也克服了语言障碍。日渐站稳脚跟后，华为又重金投资建设了西非唯一一家电信设备供应商的培训中心，继续培训当地人才。

经过不断努力，华为终于与尼日利亚第二大移动运营商 Vmobile 签下了高达 8000 万美元的 GSM 基站供货合同，并承建了尼日利亚南部非洲最长的国内传输网，覆盖了几乎全境的主要城市。

虽然成绩瞩目，这里却并不是一个让人可以安心工作的地方。尼日利亚环境极度恶劣，对饮水、蚊虫等稍微不注意，就会染上疟疾。这里每年都会有超过 30 万人死于疟疾。一旦染上这种病，轻则不利于日后身体健康，重则有生命危险。

这都不算什么，最恐怖的是，尼日利亚也是艾滋病的高发地。华为员工生活在这里，可以说是心惊胆战，谁都不想轻易生病，在这里生病就意味着随时要跟死神相见，但他们却从未因此打退堂鼓。

非洲西部的刚果也是一个卫生情况十分堪忧的国家，这里的艾滋病感染率达到 14%，人均寿命不到 42 岁。但这里的自然资源却十分丰富，采矿业发达，素有"地质奇迹""中非宝石""世界原料仓库"之称。2005 年，华为人刘康带领员工来到这里，肩负起开拓刚果市场的重任。

初到刚果，刘康看到此地的基础设施非常落后，很多地方没有公路，甚至荒无人烟，他跟其他员工一起只能长时间驾车赶到野外站点施工，而吃住都在车上，吃的只有面包，能吃上一顿泡面加点老干妈，都是格外的美味了。

环境的艰苦对华为人来说，似乎从来都不算什么。刘康为了拜访一个客户，西装革履连续好几天，每天站在烈日下暴晒，每天的衣服都湿透了，他也没有退缩。精诚所至，金石为开，客户终于被他打动了。

刚果大选刚刚结束后，由于对选举结果不满意，该地爆发了激烈的武装冲突，首都金沙萨经常发生密集枪战。刘康跟其他员工住的宿舍楼，常常被武装人员包围起来，如果双方冲突时邪念一起，趁机对他们打劫，他们的生命也将烟消云散。

就是在这种情况下，华为的工作人员圆满完成了任务，获得了超过1亿美元的网络工程合同，为当地移动运营商打造全新品牌网络，服务超过100万用户。同时在南非的销售额超过了10亿美元，产品卖遍整个南非。

非洲市场打开后，华为开始进入中东地区。"9·11"恐怖袭击事件后，华为在这里迎来了一个非常难得的发展期。

沙特阿拉伯是世界有名的石油王国，石油产量位居世界首位，它因此成为世界最富裕的国家之一，有完善的社会保障体系，终生免费的医疗、教育等。沙特阿拉伯人家庭观念比较浓厚，他们认为家庭生活重于工作，并且信奉伊斯兰教，每天都会祷告，不论多忙，都会放下手中工作，一天做五次日常祷告。

沙特阿拉伯境内有两座圣城，分别是麦加和麦地那。每逢朝觐季节，世界各地伊斯兰教信徒都会来此朝觐，最多可达300万人。要使这300多万人能够同一时间集中而大量地通话，这就必须提供保障业务。

华为之前，爱立信、朗讯、阿尔卡特都做过这项业务，但效果都不理想。华为人迅速在麦加和麦地那两处建立了通信基站，通过反复调试，不论是电话，还是网络，都达到了令人满意的效果。这也使华为口碑极速上升，紧接着，更多的客户纷纷前来，华为人在困难面前敢于承担重任，让沙特阿拉伯电信商对华为有了重新的认识。

另外，华为在伊拉克的业务拓展，也突显了华为人不惧艰险、排除万难、勇于挑战自身的华为精神。

2003 年，华为几名在土耳其工作的员工，收到了来自伊拉克北部库尔德地区网络改造的求救邮件，当时美国进军伊拉克的风声正紧，易明军等几名员工不顾战争的危险，还是决定前往伊拉克。

但由于签证办理一时没有得到妥善解决，他们便邀请伊拉克客户来中国参观华为产品，后来客户对华为的产品感到非常满意，就同库尔德爱国联盟当地办事机构取得联系，帮助易明军等人解决了过境许可证问题。过境许可证得到解决后，易明军等人毅然踏上了伊拉克国土。

那时，美国同伊拉克战争随时都会爆发，易明军等人来到伊拉克实地考察后，为他们起草了详细的改造计划书，之后，为了把项目进行下去，他们又委托深圳总公司专门为他们培训了几名网络工程师，等美伊战争结束后，这几名工程师返回伊拉克，就可以"自食其力"，自己解决问题。

经炮火袭击后的伊拉克，到处是残垣断壁、一片废墟，华为人用自己的努力，让他们用上了质优价廉的产品，过上了方便美好的生活。百废待兴的伊拉克人对华为人充满感恩，之后，华为顺利拿下伊拉克的大单，稳稳地在那里扎下了根。

同时，亚太地区，华为也迅速成为主流供应商之一，在印度、泰国、孟加拉国、柬埔寨和尼泊尔等国家旗开得胜。到 2006 年，华为的战绩已非常辉煌。

不怕吃苦、入乡随俗、善待客户、勇敢拼搏的华为人，用他们的实际行动践行着中国式的商业精神，让华为这个品牌享誉世界。

走向欧洲，扬眉吐气

> 将来董事会的官方语言是英语，我自己58岁还在学外语，你们这些常务副总裁就自己看着办吧。
>
> ——任正非

随着华为进军海外市场的步伐越来越快，欧洲也成为其下一个发展与扩张的目标。华为陈海军被派去荷兰开辟市场，在他的努力下，荷兰对华为充满溢美之词，良好的口碑不胫而走后，英国、法国也向华为伸出了橄榄枝。

荷兰位处欧洲西北部，虽然只有1600万人口，但它却是西欧发达国家之一。2003年，陈海军来到荷兰后，发现在这个很小的国家，竟有五家移动运营商在角逐，分别是沃达丰、荷兰第一大电信公司KPN、Orange、T-Mobile，以及Telfort公司。

这五家公司里，前四个都是世界级大公司，第五家Telfort公司是一家新发展的公司，陈海军与这家公司的一名业务经理比较熟悉，通过交谈，他意外得知，原来Telfort公司早在2000年7月就拿到了3G牌照，但是因为自身公司实力较为薄弱，加上荷兰当地的一些实际情况，他们有所担忧，一直未敢开展 3G 业务。

这个消息让陈海军格外兴奋，因为华为早在几年前就着重研发 3G，对这一领域，华为绝对有足够的自信和技术支持。

陈海军通过调查了解到一些实际情况，荷兰这个国家极其重视环保，要想安装 3G 网络，首先要有足够的资金建立基站和安装射频设备，还要征求建筑物业主的同意，补偿他们的损失。经过讨论，陈海军为 Telfort 公司设计了一套切实可行的方案，并让华为的工程师们赶到荷兰帮忙。

经过有效施工后，项目很快得到完成，并为 Telfort 公司节省了许多费用。华为再次用自己的快速、低价征服了市场，当地电信商们赞不绝口。之后，华为顺利与荷兰第一大电信公司 KPN 签订合同，成为 KPN 荷兰全国骨干传输网络的唯一供应商。

由于 Telfort 公司的项目覆盖荷兰全国各大城市，这个令人兴奋的消息传回国内时，任正非也是开心不已，他亲自飞到荷兰，与 Telfort 公司签署了超过 2 亿欧元的合同，并隆重地感谢了在荷兰辛勤工作的每一位员工。

觥筹交错间，一向不喜喝酒的陈海军激动不已，竟也喝得酩酊大醉。他深知这份成功来之不易，每一份成果背后，都是华为人汗水与智慧的拼搏。

在法国、英国和德国，华为人依然用自己的迎难而上、不甘落后，继续创造着辉煌。

2010 年，法国电信运营商 NEUF 想要在全境建设一个骨干光传输网络，产品规划是每个用户每个月只需付 30 欧元，就可以享受 160 个数字频道的电视节目，并提供互联网接入和语音服务。这种理念新颖的超值服务，对用户是一种很大的诱惑。

可 NEUF 的供货商名单里并没有华为。华为为了取得供货资格，不得不从别处下手。工作人员找到一家曾参观过华为公司的代理商，这家代理商与 NEUF 关系十分密切，通过他来给 NEUF 公司的负责人打了一个电话，希望对方批准华为参与光纤工程的竞标。

电话最终取得了成效，NEUF 同意给华为一个机会。为了抓住这个难得的机会，华为提出一个非常优厚的条件：以最优惠的价格为 NEUF 建设光纤网络，并负责运营三个月，运营完毕后，再交给 NEUF 进行验收和评估。

为了取得 NEUF 公司的信任，华为派出了精兵强将，用时不到三个月，为法国两个城市建了光纤网络，经过不断地调试和运营，终于交到了 NEUF 手里，而且网络运行非常成熟稳定。这让 NEUF 对华为竖起了大拇指。

NEUF 负责人米歇尔十分感激华为，他这样评价道："这为我们节省了至少 10% 的投资，也让我们获得了想要的速度。要知道，几年前，所有的市场都是法国电信的，而现在我们已经成了它最大的竞争对手。为什么？无非是我们动作更快一些，更冒险一些。当然，我们的价格也比法国电信便宜些，因为我们用的是中国的设备，是华为公司为我们节约了至少 10% 的投资！"

英国电信，简称 BT，是英国独立的国营企业，也是全英最大的电信设施硬件的营运者，在全球电信运营商中排名第九，曾最先推出蓝牙和固网等技术。2005 年，BT 想在五年内投入一项高达 100 亿英镑的"21 世纪网络"项目，这个项目的候选供应商中也没有华为的名字。

崔俊海是派往英国的华为负责人，他与 BT 打了一年交道后，依然一无所获。在心急如焚之际，忽然听到一位友人透露，像 BT 这样的国际大公司，他们的候选名单都是固定的，崔俊海如梦初醒，连忙向任正非汇报了这一情况。

而任正非也非常重视这件事，他亲自召开了一个会议，与华为高层就如何成为 BT 公司初选人经过商讨达成共识：邀请 BT 公司专家来华为审查认证。

随后，华为还专门成立了由孙亚芳为总指挥、常务副总裁费敏为总负责的 BT 认证筹备小组，小组成员更是涵盖了市场、供应链、人力资源等多个部门精英。华为对这项工作的重视，可见一斑。

任正非对于 BT 专家的到来，内心还是充满自信的，毕竟他曾经拜 IBM 为师，且引入过 IBM 的 ISC（服务器控制），华为的管理、销售等，均已向国际大公司看齐了。

但是当 BT 专家来到华为进行审查认证时，还是出现了不少问题，让任正非颇为尴尬。

BT 的专家问：在座的哪位能告诉我，从端到端的全流程的角度看，影响华为高质量将产品和服务交付给客户，排在最前面的五个需要解决的问题是什么时，华为无一人能回答上来。

而当专家继续问华为如何保证自己的产品及时交付时，华为的一个专家回答道："我们有非常严格的产品出货率指标进行考核。"这个回答当即得到 BT 专家的否定："对于客户来说，我们并不关心你的及时出货率，而是更关心你的及时到货率！"

还有一位开发人员，在没有任何静电防护的条件下，抬手就从正在调试的机架上硬拔出一块电路板，且厂房地面上有一摊不明来源的水。

4 天的专家认证审查，十几个单元打分，每个单元满分7 分，除了基础设施上得到了 6 分，专家们给华为的硬件指标都打了很高的分，但在业务的整体交付能力等软性指标上，却严重不及格。临别时，专家们对华为说了句语重心长的话："希望华为能成为进步最快的公司。"

对于华为来说，能得到国际级别的专家认证，从认证中发现自身存在的问题，并有所针对地进行改进，这个认证的过程，本身就比结果更重要。华为必须跨过这个门槛，华为人是不会轻易服输的。又经过两年时间准备，投资了数亿元资金，华为才终于得到了 BT 专家的最终认可。

2006 年底，华为与英国电信正式签署供货合同，几乎是同一时间，固网的老大沃达丰，也向华为送来了"丰盛的午餐"，得到两家"大 T"的认同，这就意味着，"豪华俱乐部"的大门，终于向华为打开了，华为拿到了欧洲主流市场的通行证。

2006 年，华为在德国也取得了很大的成绩。在与众多国际巨头竞标的过程中，华为凭借自身产品的超高技术，经过四个月的产品对测逐鹿，赢得了德国最大电信运营公司 QSC 的青睐，独家中标 QSC 的 NGN 项目，并且双方结成了战略合作伙伴，共同建设覆盖德国全境 200 多个城市的 NGN 网络。

QSC 的测评专家一致认为，华为的 NGN 解决方案——U-SYS 的业务兼容性、设备稳定性、协议的标准性更胜一筹。QSC 的总工表示："华为以其快速响应需求的能力和技术创新能力给我们留下了非常深刻的印象，其端到端的完善解决方案，能够满足我们客户化的需求。我们完全相信，在 NGN 领域，华为是非常理想的合作伙伴，华为表示，华为将以非常优秀的产品和及时的服务履行对 QSC 的承诺，我们坚信，华为和 QSC 的合作，将成为设备制造商和运营商的合作典范。"

2000 年才进入欧洲的华为，2005 年就获得了英国伦敦出口协会颁发的"年度中国投资者"大奖，得到了英国的认可；2007 年，华为在法国西北郊建立了第一个研发中心，在法国的员工总人数达到了 270 人，其中 60% 是当地雇员。几乎所有的法国电信巨头都已经成为华为的客户；2008 年在欧洲获得了 10% 的市场份额，赢得了整个欧洲 300 亿美元合同中的 30 亿美元，同比增长 20%，将欧洲主要电信巨头如爱立信、诺基亚、阿尔卡特等打得落花流水，打破了电信巨头在自己家乡的垄断地位，让自己从一名新手，变成了欧洲市场上最受欢迎的设备商之一；2009 年，华为又在巴黎近郊建立集研发和市场于一体的新的办公地点，相继在法国有了三处研发中心……

一家名不见经传的中国企业——华为，让整个欧洲为之惊艳，在经历了从不为所知、不被重视，到脱颖而出、一鸣惊人的成长淬炼后，华为在欧洲终于扬眉吐气了。

第三章

任正非的

人才观

人才垄断和铸造

华为永远不会提拔一个没有基层经验的人做领导人，
遵循循序渐进的原则，对每一个人都有巨大的人生意义。

——任正非

21世纪最需要的是什么？人才。人才是一切竞争的支柱，人才是建立一座梦想大厦的基石，没有人才，一切目标免谈，一切理想都是空想。比尔·盖茨曾说过："把我们最顶尖的20个人才挖走，那么我告诉你，微软将会变成一家无足轻重的公司。"

任正非对人才的重视，达到了近乎疯狂的程度。他特别喜欢那些刚刚毕业的大学生，认为他们思想单纯，执着坚韧，不怕吃苦，有牺牲精神，且可塑性强。1997年之前，华为有40%的员工都是华中理工大学的毕业生；1998年，华为开始面向全国招收毕业生，这一年，一次性在全国招了800多名毕业生；1999年，招收2000名大学生；2000年，总共招聘4000名大学生；到了2001年，华为更是口出狂言，"工科硕士研究生全要，本科的前十名也要"，这一年，华为合同招聘高达7000多人，实际招聘也有5000多人。往后的每一年，华为招聘人数都在 3000 人左右，规模之大，轰动全国。

华为热衷于高校招生，重金招揽各路高手，每年动用媒体广告，启动大规模人才招聘计划，任正非试图将全国所有优秀人才，统统纳入旗下。如此多的人，即使华为发展再快，也不见得用得完。但任正非就是要为了让人才储备起来，就算一时用不着，也可以防备于未来。这样公司的人才库才不会断层。

在华为，有一个人人遵守的"潜规则"："千万不要轻易提起自己的学历，因为门口让你登记的门卫，可能就是硕士学历。公司里打扫卫生的，可能就是一名本科生。"这种看似玩笑的背后，充分证明了一点，华为人高学历的整体水平。

1998 年，华为跟中兴展开"人才之争"。

当年 10 月中旬，中兴先来到清华大学，试图抢先一步争夺人才。他们与学校沟通后，就在研究生院开了一个"见面会"，研究生院的领导告诉他们，11 月份可以再来。

但 10 月底，华为"杀"进清华，他们在招聘会上郑重表示："11 月 1 ~ 7 日进行初试、复试，11 月 8 日，选中的学生立即签约。"

这种速战速决让 11 月初再次来到清华园的中兴大吃一惊，他们连夜做出应战措施：11 月 3 日初试，4 日复试，5 日签约。华为与中兴的直接正面交锋，丝毫不胆怯，而是首先挑起战斗："中兴与学生签署的协议，没有单位公章，没有法律效力，学生有权重新选择。"

虽然中兴人员义正词严回击："如果与我们签署的协议没有法律效力，我们明年就不来招聘了。"但最后还是有七八个已经与中兴签约的人转向了华为。

对于人才的招揽，除了在高校招聘外，华为在西安的维二街曾专门有一个招聘处，一名人力资源主管在那里专门负责挖人。

西安街头流传一句话："想跳槽，去维二街。"此外，华为还与诸多高校建立了定向培训关系，华为为学校提供足够的经济资助和企业文化培训，而学校负责学生的专业知识和技能培训。同时，华为还专门设立了奖学金、奖教金、贷学金、华为科研开发基金等，并与高校合作培养研究生。这种潜移默化的影响，让很多学生一毕业就进入了华为，他们对华为的企业文化有深入骨髓的认同，忠于华为、为华为长期服务，再经过几年的打拼，往往很多人最后都成了华为的中坚力量，进入了公司核心领导层。

对于刚毕业的大学生，华为给出的月薪是 5000 元，研究生在 6000 元以上，但华为的工资也是不断增长的。2000 年时，学士的月薪已达到每月 7150 元，年终还有 10 万元 ~ 16 万元分红；而双学士月薪达到 7700 元，硕士 8800 元，博士 10000元，这个水平比深圳其他一般公司高出 15% ~ 20%。

进入华为的大学生，如同一张白纸，较容易接受公司的价值观和创新性的营销理念与模式，虽然他们缺乏工作经验，上手较慢，但一旦进入工作状态，回报给公司的利润却是极大的。因为年轻，所以可塑性很强，华为正是基于这样的考虑，对于从高校里招聘而来的新人，他们要开展大规模的培训，经过上岗培训、岗中培训、下岗培训等一系列"魔鬼培训"后，最终成为"脱胎换骨"的"狼群一员"。

　　华为的上岗前培训，简直如同炼狱。它的培训周期长达五个月，且不仅限于企业文化培训，还包括军事训练、车间实习、技术培训、市场演习等五个部分。这五个月的"煎熬"，对于能最终"生存"下来的人来说，简直有种"重获新生"的感觉。

　　而任正非对身处"炼狱"中的学生们也是充满期望，他说："实践改造了人，也造就了一代华为人，您想做专家吗？一律从工人做起，这已经在公司深入人心。进入公司一周后，博士、硕士、学士，以及在学校取得的地位均消失，一切凭实际才干定位，已为公司大多数人所接受。希望您接受命运的挑战，不屈不挠地前进，不惜碰得头破血流。不经磨难，何以成才？"

　　这些话说出来，可谓是热血满怀，对于充满冒险精神又喜爱挑战的年轻人来说，也是一种精神上的激励。而负责训练的主教官，则是华为专门请来的退役军官，这种训练绝对是严格按照正规部队的要求来进行的，用"苦、累、考试多"来形容一点不为过。这也让很多训练中最终留下来的学生，终生难忘，也是一种足可以令他们拿出来炫耀的光辉事迹。很多学生谈起培训来不无感慨地说："这简直就如同高考冲刺一样，这一段时间的考试次数，远远超过四年大学的总和。"

　　教官还会把学生按一定规则分为若干班级，每天早上，全体学生会在教官的带领下出操，然后以班为单位进行每天一个专题的企业文化学习。学生所在的培训中心，也是相当豪华，可以达到三星级、五星级水准。华为会给每名学生发一本厚厚的企业文化学习手册，里面有最真实的华为故事，教官让学生认真阅读完后，再组织学生展开专题辩论赛。高层主管也会分批去讲课，任正非有时也亲自过去讲课。这种浓厚的学习氛围，让华为成为一个充满竞争、活力向上的奋发群体。

学生经过培训留下来之后，再被分配到车间实习。实习时间为一个多月。车间的装配、测试等各个环节都要求非常严格，而车间师傅有的只不过是中专文化，华为的实习生多是硕士研究生，在这里，每个人都忘记学历，淡化学历，实实在在亲身体验能力的重要性。这种"基层经验"的磨砺，就是为了去掉学生身上的自豪感，以及哗众取宠的毛病。任正非旗帜鲜明地告诉所有华为人："华为永远不会提拔一个没有基层经验的人做领导人，遵循循序渐进的原则，对每一个人都有巨大的人生意义。"

车间实习结束后，学生就要接受技术培训。技术培训为期三周，对新分配的大学生来讲，这一环节是最难最苦的，他们要每天八点出发，赶四十多分钟班车去培训基地，一直到晚上九点半才能结束一天的课程，回到宿舍时，往往都是夜里十一二点了。

单单学习还是不够的，华为规定，每学完一段时间，就要进行一次考试。这样算下来，学生一周要进行两到三次考试，考试不合格者，就要留级、补考、工资停发。对这些人员，华为再进行下岗培训，只有合格后才能重新上岗。

之前的文化成绩无论有多好，如果在技术培训考试上非常差，就会遭到淘汰。华为给出5%的淘汰率，这就使学生们更加刻苦勤奋、吃苦耐劳，每个人都不甘示弱，力争上游。

为了让大学生能得到锻炼的机会，华为会让每个招聘过来的新员工，都投入到市场中去，他们每个人要在市场部见习三个月。见习内容包括当街推销产品，除此之外，期间还要继续接受考试。

华为给员工提供商品，产品的价格高于市场价格，新员工必须从公司买来这些产品，然后再以比公司售出的价格更高的价格去销售它们，卖多少钱，公司不设限制，但绝不能比自己买的产品价格低。

这样做的好处是，一方面新员工是自己出资买来的产品，他们为了弥补回自己的经济损失，就会竭尽全力地去卖；同时，由于所卖产品的价格实际比市场多了很多，很具挑战性，因此只能不遗余力地发挥自己的聪明才智。如果能很快且很好地售出去，会对员工产生很大的自信心，让他们欣喜地意识到，原来他们是有能力办到的，并进一步激发他们的潜力。

华为非常重视对新员工销售能力的培养。销售是锻炼华为员工融入社会最好的机会。华为人会把一句话挂在嘴边，即："销售是一段刻骨铭心的经历，没有做过销售的人生是不完美的。"可见，华为人从一踏进公司，就十分清醒地意识到销售能力的重要性。

大多数公司对于初出茅庐的年轻人去做销售还是不放心的，他们会选择有丰富经验的人去做。而任正非之所以选择与其他大多数公司不同的做法，目的就是为了培养新学员陌生拜访、开辟新道路的勇气和能力。华为的员工可以在实践中不断得到锻炼，往往到最后，都成了实践经验非常丰富的老员工。华为的整体实力越来越强。

华为的每一个管理层岗位的人才，都经历了一套完整的实战培训，都有扎实的基本功，胡红卫就是其中一名有此经历的副总裁。

1991年，胡红卫进入华为，工号31，他也是从基层做起，从技术员、助理工程师、工程师、项目经理，再到后来的生产部经理、制造部经理、计划部经理等多个职务，最后升为华为副总裁。

"不经一番寒彻骨，哪得梅花扑鼻香？"华为人才济济的浓郁氛围，实际彰显的是华为有智慧、有魄力、有胆识的人才培养战略。

人才是拿钱堆起来的

> 华为不光为自己培养人才，还要为社会培养人才。这些员工到社会上后，也是社会的财富。
>
> ——任正非

中国人常讲"法不外乎情"，国人重情体现在方方面面，但对情义的追求，有时也表现为"裙带关系"上，有句古话叫"一人得道，鸡犬升天"。对于这种现象，任正非严令禁止："华为不许有裙带关系，人力资源部要严格把关，出现问题，由你们负责！"

华为迅速发展期间，很多人都希望把自己的亲人送到华为来，深圳市政府曾经也希望华为能多招一些深圳毕业的大学生。但任正非坚持全国录取、撒网招纳、择优录取的原则，坚决不让步。

全国数以万计的人才，怎样才能尽可能多地揽入华为旗下？任正非认为，人才都是拿钱堆起来的，重赏之下必有勇夫。

华为是"三高"企业：高效率、高压力、高工资。华为的工资几乎是深圳所有公司里最高的。并且，员工不仅工资高，他们还拥有股权和其他待遇。

基本工资、股票、福利、加班费、奖金，这几大块构成了华为的员工薪酬，其中工资和股票占了薪酬的一半，单单奖金就占了近四分之一。

华为对研发人员和市场人员尤其重视，他们的工资待遇比行政人员要高得多。华为认为，研发人员和市场人员付出的是大量创造性的劳动，而行政人员从事的是简单可重复性的工作，两者之间待遇应该加以区分。

一名1996年进入华为公司的技术人员回忆称："我刚进入公司的时候，就开出了6600元的高薪，后来慢慢涨到了12000元，再加上其他的补助，拿到手的要更多一些。"

后来这名技术人员从华为辞职，他辞职后意外发现，自己还拿到了一大笔年终分红，以至于后来都有点后悔离开华为了。

对于毕业前到华为公司报到上班并进行培训的员工，华为会报销他们的路费、行李托运费、单程火车票、市内交通费、体检费等，并在实习培训期间让他们享受工资待遇、福利待遇等。

对于想要辞职的员工来说，华为不仅不干涉，不予为难，还会尽量挽留，挽留不住的情况下，公司会根据员工的内部持股进行套现赠送，让员工走时也能拿到一大笔现金。而实际上，华为与每一位员工都有签署一份内部协议，里面明确规定了违约赔偿办法。华为不仅没要求员工赔付，还能如此"善待"离职员工，这让很多公司都望尘莫及。

但华为对于离职员工也有自己的规定："要想拿到内部股

票兑现的现金，必须接受 6 个月的'审核'，自己创业的产品不能与华为构成竞争，不能从华为内部挖墙脚。"

任正非道："华为不光为自己培养人才，还要为社会培养人才。这些员工到社会上后，也是社会的财富。"

1996 年，华为以 10 万美元年薪聘请了一批海归派搞技术研发工作，其中一名从事芯片研发的工程师，华为开出了 40 万元的年薪去挖，但当华为发现这位工程师本身的价值远高于这个价时，又立即给他涨到了年薪 50 万元。

2004 年，华为到 TCL 的大本营——广东惠州举办现场招聘会，对方出于无奈，竟然组织一部分干部及全体研发人员前往昆山旅游。一位摩托罗拉的人员感慨万分地说："我们想挖华为的人很难，但华为想挖我们的人，简直太容易了！"

华为高薪、高福利的背后，不仅体现出对人才的尊重与重视，更是一种企业精神的彰显。从精神上让每一位华为员工为自己所从事的事业感到无比的自豪，任正非要让每一位华为人员都能在公司经济景气和事业发展良好的阶段，人均收入达到区域行业最高水平。

近几年改股后，华为员工的年薪在 60 万元以上的达到了千人，在 100 万元以上的就有数百人，而就算新来的员工，年薪也达到 16 万元以上，少部分人在 6 万元以上。

为了提高员工的积极性，华为还专门设置了交通补贴、出差补贴和年终奖。离华为总部上班远的员工，每月有交通补助；补助标准根据职务，出差的危险性、艰苦性等确定，拿此标准乘以出差天数，就可以拿到相应的出差补贴；另外交通、通信、住宿等费用全部报销；而如果员工在外持续工作超过三个月，还可以享受海外出差标准补助。条件越危险越艰苦，补助就越高。

此外，华为每年七八月份，还会有一次规模巨大的发红包活动。公司每位高管都会到场，根据员工的表现、贡献等，给每一位员工发放红包。

当然，华为给员工的最大红包非股权莫属。试想一下，一个大学毕业几年的员工，在华为拥有几十万股，当他不想干了，离职后就能轻而易举套现，这是很多人在其他公司工作几十年或许都拿不到的报酬。

曾任《华为基本法》起草小组组长的中国人民大学教授彭剑锋说道："在我所接触的中国本土企业中，华为是在人力资源培训开发方面倾注热情最大、资金投入最多的企业。这种人力资源优先的意识，在现在看来仍具有超前性。"这样的华为，有能力者，谁不蠢蠢欲动呢？

尊重人才，发扬雷锋精神

> 枣是裂的最甜，瓜是歪的最甜，他们虽然不被大家看好，但从战略眼光上却要看好这些人。
>
> ——任正非

雷锋精神是一种全心全意为人民服务的精神，落实到企业中，就是全心全意为企业服务，不怕辛苦，而又能从容淡定、执着无私地为企业着想。雷锋精神是一种不浮夸、做实事、能埋头苦干、不介意被人误解，并且能够在被误解的情况下昂起头、挺起腰，踏实做人、做事，问心无愧而敢于吃亏的精神。

任正非虽然出身贫寒，但一路拼搏却铸就了他广阔的胸襟，他对知识的重视，对人才的尊重，就体现在他绝不让"雷锋"吃亏上。

"雷锋式"的员工，一般都是默默做事，舍己为人，从不张扬，从不与人争抢。任正非认为脚踏实地为企业做事的人，应该享受高工资待遇，并且赚来的钱，应该大家共享。1987年，任正非创建华为不久后，华为就已经实行人人持股制。一个非常典型的事例是，1994年，华为的两名销售同一电信设备的业务员，分别被派往了上海和乌鲁木齐。两座城市之间的市场差异大，在付出同样多的情况下，结果却完全不同。派往乌鲁木齐的销售员，如果按照多劳多得的分配原则，他可以领取20万多的奖金。但对于派往上海的销售员来说，这一原则就意味着自己的付出面临天壤之别的待遇，他只销售了几台而已。

任正非认为这种销售与奖金成正比的分配原则并不公平，因此他让副总裁张建国重新制定一套比较公平的薪酬评价方案。最后制定的结果是，在企业内部做出相同贡献的人，薪酬相当；在企业外部，有利于提升企业战略、促进企业组织成长的人，根据做出的贡献来调整其薪酬待遇。员工的福利，要根据其实际工作表现来拉开差距，贡献不同，回报不同。即使在同一位置上，也可能面临巨大差异，例如同样是市场部的副总裁，主管营销的可能比主管职能的月工资要高上万元。

坚持讲真话、做实事是任正非对"雷锋式"员工的赞扬。2017年9月初，华为内部邮件《真话可以改进管理，假话只有使管理变得复杂、成本更高》，体现了这一原则。邮件背后是一个感人至深的故事——

工号为00379880的员工，因讲真话被迫离职，后被任正非发现，他直接发出了"是公司错了，不是你的问题，回来吧，我们的英雄"这样的声音。同时，让这名员工直接晋升两级，不影响其正常考核，对于工作岗位及地点，也给予优先选择权，还特别贴心地派人保护，让其不受打击报复。邮件内容泄露，一时在社会上引起了轩然大波。

　　对于敢于承认错误的华为，员工因此而激动落泪。这种企业文化，所起到的潜移默化的作用，肯定是巨大无比的。任正非对员工说："你们脑袋要对着客户，屁股对着领导。"他把讨好领导的人臭骂了一顿，认为客户才是员工的衣食父母，应该把精力都用在客户身上，而不是领导身上。

　　鼓励员工实事求是，反对弄虚作假，这也体现了任正非反对官僚主义、反对繁文缛节的思想。这对那些擅长拍领导马屁却不作为、把精力放在投领导所好却不放在客户身上的人，绝对是一种打击。

　　追溯历史，许多人之所以会腐败，被追究责任，与这种不正之风有很大关系。2017 年以来，任正非大刀阔斧地开展了一系列廉政策略，他在《少些浮躁、深入纵深及评论》中果断将员工的抱怨公开，"吹得多、干得少、不解决客户问题"，把员工的心声公之于众，让华为人以此为戒，改掉缺点，树立目标。任正非和孙亚芳更是带头宣誓："不搞迎来送往，不贪污受贿，不动用公司资源，不说假话，不捂盖子"等，甚至公开向社会征集建议，对优秀的建议予以重奖。这种直击人心的举措和决心，让华为人振奋不已。

　　得人心者得天下，同理，得人才者得市场。人才多种多样，有些人才却因为没有遇到好的领导，被无情地打击和埋没。用人之道，也是任正非的成功之道。他曾说："企业的核心竞争力，就是培养和保有人才的能力。"

　　在许多单位中，我们都会发现，有许多特立独行的人，他们非常优秀，但往往因其性情上的特殊，而怀才不遇。有些领导会认为这种人不遵守单位规章制度、目中无人、没有组织性、没有团体意识，但任正非却不这么认为。对于特殊人才，如"怪才""歪才"，任正非打趣地称他们为"歪瓜裂枣"，他认为："枣是裂的最甜，瓜是歪的最甜，他们虽然不被大家看好，但从战略眼光上却要看好这些人。"任正非呼吁大家要善待"歪瓜裂枣"，支持他们，认为他们的思想之所以不被大多数人接受，是因为很有可能他们已经超前了时代。他说："你怎么知道他们就不是这个时代的凡·高？"

在许多单位，统一的僵化的制度，严格的不易被打破的规则，处处彰显着威严。却很少有人愿意或者敢于打破这种僵硬，人们在单位里循规蹈矩地工作，小心翼翼地说话、做事，宁做不出事的庸者，人云亦云，也不做那个敢于讲真话、敢于暴露自己"缺点"但实事求是的人，这都源于没有领导欣赏这种"有缺点的奋斗者"。任正非打破了这种思维定式，让员工的个性得到充分发挥，让他们的价值获得最大回报。

对于人才，能遇到这样的领导，是一种幸运。而好的领导，是企业发展壮大的宝贵精神力量。任正非清楚地知道，华为的今天，靠的是一批又一批为公司埋头苦干、艰苦奋斗的华为人的努力和付出。他们不计较个人得失，不怕困难，把全部精力都投身到为华为做贡献上，对他们来说，华为就是自己的家。

任正非在自己的文章《不能忘记英雄》中写道："历时八年的市场游击战，锻炼了多少英豪。没有他们含辛茹苦的艰难奋斗，没有他们的'一把炒面，一把雪'，没有他们在云南的大山里、在西北的荒漠里、在大兴安岭风雪里的艰苦奋斗，没有他们远离了家人在祖国各地，在欧洲、非洲的艰苦奋斗，没有他们在灯红酒绿的大城市，面对花花世界丝毫不受影响而苦心钻研，出淤泥而不染，就不会有今天的华为。"

　　任正非是个"吃水不忘挖井人"的人。作为华为的总裁、创始人，他甘心把企业相对多的利润分给公司员工，给予他们最合理的回报。而他的个人持股却只有1.4%，因为他的无私与激励，也使得华为人在国内外市场中勇于拼搏，所向披靡。可以说，正是他，调动了所有员工的积极性，这种伟大的企业家精神就是华为不断战斗的动力，也是很多人渴望进入华为的原因。

给足每个人，人人股份制

> 华为人人持股。如果你离职，你的股份该得多少，马上数票子给你。哪怕是几千万元的现金，公司眼睛也不会眨一下。但是你离开公司，就不能再继续持有华为股份。华为股份只给那些现在还在为华为效力的人。
>
> ——任正非

在公司，人力资源部将员工分为三种：普通劳动者、一般奋斗者、卓有成效的奋斗者。对于这三种人，任正非的态度是不同的，他认为公司元老、管理层和员工，都应该将自己看作是新人，当成奋斗者，只有持续不断地努力，为公司创造价值，做出贡献，才能受到尊重。对于那些潜在的享乐主义者，或机械地执行公司文件者，应该受到批评。

1990 年，华为在最低谷、最艰难的时期，采取了全员持股的方式。股权激励调动了员工工作的积极性和主动性，让员工以股东的形式参与到公司的决策中来，分享利益和共同承担风险，华为也是中国最早实施股权全员分享的公司之一，这种激励方式让全体员工有了主人翁意识，也激发了员工的责任感。

2008 年，华为再一次推出股权激励措施，这次的措施为"饱和配股"，即根据职位的级别来分配期股的额度，职位越高，额度越大。这一方式，既提高了员工的收益，也完善了绩效机制。

2011 年，华为第三次推出"饱和股权"的新政策，任正非说要把那些赚来的钱，都分给优秀的奋斗者。对于哪些人优秀，哪些人不思进取，任正非都有着明确的规定。他这么做的目的，就是不断吸引优秀的员工，让他们创造和发挥价值。

"饱和股权"需要员工自己申请，申请成为奋斗者的前提，就是要在自己的岗位上做出贡献，并在年度绩效成果上体现出来。员工干得越多越好，他就能得到更多配股，并且其地位、身份、股权都会随财富一样不断得到提升，这对员工来说，简直是一举多得的好事。这种制度对调动员工工作积极性有很大作用。

其实，员工持股制在国外并不罕见，20 世纪 90 年代末，英国就已经有政府批准的员工持股计划，近 1800 家公司、200 万员工在公司持股。法国金融部门企业员工持股甚至超出 90%。德国也把员工持股当成吸引人才、挽留人才、促进企业发展的一项基本制度。即使在亚洲，日本、新加坡、泰国等国家也流行员工持股制。而在中国，这种制度并没有全面普及。华为率先引进并实施了这种制度，使其在很短的时间内得到了迅速发展。

把秀才变成兵

要让听得见炮声的人做决策。

——任正非

华为成为中国企业的一个奇迹，有很大一部分功劳要归功于华为的营销人员，他们总数约 6000 多人，在公司占比 33%，他们大多数是名牌大学毕业的硕士、博士生，这些从象牙塔中走出来的人才，再经过华为的特殊训练，最终步入市场，在市场实践的基础上披荆斩棘，成为一个个精干的充满活力的"狼性"人才。而华为对人才的物质和精神的双重保障，又让人才队伍能够得到维系，不断壮大。华为的营销人员也创造了中国前所未有的奇迹：数量多、学历高、分布广、素质高、收入高。这些人才近跨亚非欧，远渡太平洋，为华为快速发展奠定了坚实的基础。

任正非培养营销人才的方法有五个：一，塑造"狼性"文化与做实企业文化；二，选择良才；三，魔鬼培训；四，制度化用人；五，有效激励。对于"狼性"的执着，从一开始招聘人才，到培养人才、使用人才、激励人才，无不透露出任正非的生存思想。在市场上只要是人才，能为华为服务，华为就一定会想方设法去争取。公司内部还专门设立了一个人才储备库,任正非要求将所有人才都用到最适合他们的岗位上去。

对于人才,任正非有自己独到的见解。他认为,人才不是全才,不求完美,但是要有能力,能发挥出自己的优势和价值,才是最好的人才。他说:"我不希望大家去做一个完人。大家要充分发挥自己的优点,去做一个有益于社会的人,这已经很不错了。我们为了修炼成一个完人,磨去了身上许多的棱角,自己的优势往往被压制了,成了一个被驯服的工具。但外部的压抑并不会使人的本性完全消失,人内在本性的优势,与外在的完美表现形式,不断地形成内心冲突,会使人非常痛苦。我希望你把你的优势充分发挥出来,贡献社会,贡献于集体,贡献给我们的事业,每个人的优势加起来,就可以形成一个具有'完人'特质的集体。"

物尽其用,人尽其才,华为能够让每个员工最大程度地发挥自己,实现自身优势上的突破,这是调动员工积极性的最佳方法。这样一来,每个岗位的资源配置达到了最优化,员工的团队合作精神也会提升,既能提高效率,又能实现利益的最大化。

把人才放到市场,让他们从实践中积累经验,是任正非培养人才的又一策略。他说:"要让听得见炮声的人做决策。"领导要把决策权让位于在前线奋斗的人,而领导的任用,也应从基层队伍中选拔。身经百战的人才能掌握工作方法,才能有更多更好的创造性建议,这对于自身的能力提升有不可替代的作用,也更容易得到下属的认可和理解。同时,也能避免瞎指挥的现象发生。

任正非喊出的口号往往率先垂范。2000年的一天，一家外协厂的员工去西城工厂送货，当时正是午休时间，这位员工就找了个垫子放在地上睡了一觉。一觉醒来，他发觉自己身边多了一个人，而这个人就是任正非。"床垫文化"就是任正非带头兴起的，所以，对于华为的领导来说，以身作则往往是实践管理的前提条件。

为了能让员工尽快脱颖而出，做出成绩，实现个人价值，华为还专门设立了华为大学。华为大学是一个系列性建筑群，占地面积达27.5万平方米，分教学区和住宿区，教学区占地15.5万平方米，有9000多平方米的机房、100间教室、500多个办公室，能容纳2000多名培训员工。而住宿区则拥有酒店、咖啡店、网吧、健身房、游泳池、美容中心等设施，这些为员工提供了舒适的生活环境。华为大学于2005年注册成立，专门负责为员工和客户提供培训课程，旨在传授华为先进的实践经验与管理经验，培养职业经理人，以提升华为的国际影响力和客户满意度。

华为大学设有专门的培训制度、导师制度，针对不同员工提供不同的培训，时间为半年内不等，且培训完毕后会对员工进行技术和其他能力的鉴定，让每个员工都能在华为大学里得到最大程度的提高。而导师制度更具人性化，公司为每一名新员工都提供了资深导师，帮助其解决工作中的疑难问题。同时，每个部门还配有一个由名牌大学请来的专家团，为员工提供工作和生活中的各种顾问支持。员工的培训效果评估、考核，中间的每一个环节都与导师息息相关。可以说，这是一种促进员工成长非常高效的方式。

相对于导师制，华为的培训流程就显得残酷而激烈，新员工必须经历五个阶段培训才能正式开始工作。第一阶段为企业文化培训。员工在这里要一起上课、看电影、讨论，内容几乎都是围绕公司文化精神进行的，例如"狼性文化""压强战术""天道酬勤""床垫文化"等，之所以安排这样的课程内容，无非是希望员工能够提前领悟华为人艰苦奋斗的精神，鼓励他们也能成为一个吃苦耐劳的人。

第二阶段是规范培训，公司制定了许多用来约束员工的制度，且对每一个步骤都进行了细节化处理，这样做的目的就是为了提高效率，减少工作难度，让每个员工都能有的放矢地进行工作。如果短期内有人受不了这种约束，很快会有替补人员补充，保证人员源源不断。

第三阶段是最难熬的，被称为"魔鬼一营"培训，期限为四十天。这四十天就是不断上课、考试，再上课、再考试，每个员工桌上都摆放着四十多本书，每本书都要吃透，不仅周末要上课，每晚还有晚自习，跟高考冲刺阶段有一拼。

第四阶段是工程实践培训。参加完魔鬼培训后，员工考试完毕，紧接着要坐飞机飞往全国各地，然后分配到一线进行实地作战。他们要把自己所学的理论知识充分发挥、应用到实际中去。员工要在公司与其他同事一起面临熬夜加班、被客户骂、半夜出差等一系列身体与精神上的双重考验，即使受了委屈，也要学会不抱怨，不妥协，不退缩。

最后，经历了以上几个阶段的考验，员工才能回到所属部门报到，正式开始自己的工作。而在经历这些"磨难"之后，几乎所有坚持下来的员工都会有一个深刻的感触，那就是他们已经在无形之中提升了自己，达到了精神上的重生。他们投身市场后，首先就会有一种不屈不挠、不轻易言败的自信。华为这种将人才作为战略性资源进行投资、管理的良苦用心，正是体现了它重视人才、巩固人才、珍惜人才的精神。

第四章

任正非的

管理观

引进国际先进管理体系

> 面子是无能者维护自己的盾牌。优秀的儿女，追求的是真理，而不是面子。只有"不要脸"的人，才会成为成功的人。要脱胎换骨成为真人。

> ——任正非

华为初期是一个"乱世出英雄"的时期，为了开拓市场，能者居上，谁立了功，谁就有可能被火速提拔，一切以成败论英雄，不论资历，不按辈分。这么做的好处是可以不断吸收年轻的人才，让他们尽最大可能地发挥自身的才华和价值，但缺点是，叫一个刚毕业的大学生去领导一群工作经验丰富的老员工，可能就会有一些人不服气。早期平步青云的李一男为什么在公司里的人际关系紧张，为人处世不受待见，一方面与他年轻气盛、少年得志、不愿收敛脾气有关，另一方面可能也存在被人妒忌的嫌疑。而任正非不拘一格降人才，对于人才的过度重视，也容易滋生这样的氛围。1997年，刚从清华大学毕业的延俊华给任正非写过一封信——《千里奔华为》，信里洋洋洒洒提出了自己对华为存在问题和发展的建议，任正非大喜，立即把这个热爱华为的小伙子提升为部门副部长，可以说，华为的赏罚存在着不确定性，既冒险，又刺激。业内人士认为，这种机会主义作风，是任正非基于公司业务高速增长的衡量需求。这种形式至今还在延续。

1998 年，任正非请中国人民大学教授专门为华为制定《华为基本法》，1999 年，华为的人力资源体系按照管理大纲的思路很快建立起来。当时，在中国何谓人力资源，还是一个比较陌生的名词，华为市场部的张建国被调入人力资源部，在深入学习的过程中，他为公司制定了新的管理措施。

张建国自 1996 ~ 1997 年间，多次被公司派往香港考察几家著名的咨询公司，加上勤于钻研，很快他就对人力资源这门学问有了兴趣。后来，他为公司选择了一家有美国背景的名为 HAY 的管理咨询公司，公司的专家们从香港抵达深圳，仅仅用了两个小时的讲解，就为华为制定了一套新的改革措施。华为花巨资请人过来设计薪酬考核体系，对方却只用了仅仅两个小时，这对华为而言，不仅不感到委屈，反而认为非常值得，因为公司看重的是学习新的管理理念。

1997 年，张建国随中国劳动部官员一起去英国学习并考察劳动技能资格认证，回来后，他把在英国所学的知识应用于公司，在秘书层做了职业化技能资格认证考核，将秘书分了五个层次，每个层次的秘书有明确的资格认定职责，例如第一层必须会打字，熟悉基本的办公软件等。根据这种制度最后对秘书进行考核、分级，对于优秀的人才就可以直接提拔，而有缺点和不足的人，也让其能从中认识到自己的问题。这种方法在华为一经推出，就收到了良好的效果。紧接着，市场部、开发部、销售部、生产部等也效仿此法，通过结合实际，分别制定了不同的考核指标和制度，一时间，员工积极认真，公司上下都充满了学习、向上的气氛，收到了很好的效果。以至于后来那位劳动部的官员来到华为参观时，忍不住对其竖起了大拇指。

华为最看中的就是员工的成长，在管理上，也有一套自己的办法。为了让员工得到最大程度、最快速度的成长，华为开展了优秀素质推广活动。这项活动将公司优秀员工的行为特征用数字化方式做成模型标准，供其他员工参考、学习。很多员工原本没有意识到自己的长处在哪里，经过提炼，就能有意识地继续发挥自身的特长。而那些需要提高的员工，则在"克隆"别人的同时，自身能力也得到了迅速提升。

目前，华为是一个拥有18万多员工，且员工全是知识分子的公司，面对众多的人才管理，任正非说："华为员工都很聪明，容易形成很多思想和见解，认识不统一，就容易分散精力。"面对这一难题，华为采取的是"先僵化、后优化、再固化"的方法，用"优化"来促进意见的统一，避免陷入经验的形而上学主义，一部分人被戳痛后，也许会抵触，但最终还是会在坚定的管理方针下接受。1999年，华为实行任职资格考核制，考核与自己的薪酬有密切的关系。任正非在《不做昙花一现》的文章里讲道："面子是无能者维护自己的盾牌。优秀的儿女，追求的是真理，而不是面子。只有'不要脸'的人，才会成为成功的人。要脱胎换骨成为真人。"

任正非追求公司管理上的进步，而管理进步的前提首先就必须是员工的心理素质强，当面临管理改革触及自己的利益，或者遇到别人批判自己时，能不能镇定自若地接受，并为之改进，是员工特别是高层首先要学习的现实问题。华为在考评一些干部时，原本是五级制考评，只用了三级的考评，很多人就已经惊慌失措、满头大汗了，这正是首先需要提升的地方所在。也就是从这时起，华为规定，高级副总裁的任职期限只能为两年。

任正非对干部的要求也很高，必须做到能上能下，工资也要能升能降。他认为一个人历经苦难，痴心不改的坚定是难能可贵的，只有能吞得下委屈，又正确对待自己的人，才能做到胸怀坦荡，受人敬重。

学习人力资源管理的同时，华为又引进了世界级管理咨询公司的管理体系，从发展、财务、品质管理等不同方面吸收国外公司的先进管理经验，特别是曾经在亏损 160 亿美元、危机重重、几乎解体的情况下依然能起死回生的 IBM，任正非尤为欣赏。他于 1997 年专门去美国访问了 IBM，回国后就撰写了题为《我们向美国人民学习什么》的文章，并对文章内容在公司里进行热烈宣传、研讨。他把 IBM 时任 CEO 郭士纳的一整套做法照搬过来，如对事不对人、提倡集体主义等，在不断学习、借鉴和摸索的过程中，他还总结了"脑袋对着客户，屁股对着领导"的经营良言，并下定决心要向 IBM 学习。IBM 副总裁送了他一本哈佛大学出版的大项目管理书籍，任正非又买了几百本发给了公司高管。

IBM 实施的信息科技开发和集成供应链两项举措让任正非为之振奋，他下令公司员工要人人学习 IPD[①]，甚至发下狠话：

---

① IPD，Integrated Product Development 的简称，指集成产品开发，是一套产品开发的模式。

"所有不学习、不理解、不支持 IPD 的干部，都给我下岗！"华为更是在每个部门都设立了 PDT（Product Development Team，产品研发团队），各个团队共同协作，完成产品从开始到上市的全过程，并做到研发与市场同步进行。其中，华为的产品开发部，即中研部第一个成了 IPD 的试点，从根本上改变了从前中研部做什么，市场部就卖什么的局面，而是从一开始设计产品时就考虑产品的可维护需求，这对于公司降低成本、满足市场要求、提高产品竞争力都有很大的帮助。

2004 年，华为在美国咨询公司的帮助下，建立了主席轮流值班制度，公司八个领导轮流值班，每半年换一次。这种管理方式的效果是立竿见影的，任正非为此不无自豪地说："每个轮值者不得不缩小他的屁股，否则就达不到别人对他决议的拥护。这样，他就将他管辖的部门带入了全局利益的平衡，公司的山头无意中也就被削平了。"

不断革新，不套用任何一种管理模式，是华为走向胜利的又一关键因素。

不抬石头，而修教堂

> 华为的财务曾算过账，华为的现金够吃3个月，当第91天来临时，华为如何度过危机呢？
>
> ——任正非

有个故事，两个青年人抬石头修教堂，一位智者走过来问他们在做什么？其一说，在抬石头；而另一位则说，在修教堂。若干年过去了，说抬石头的那个人还在抬石头，而说修教堂的那个人，早已变成了哲学家。

做同样的事情，为什么两个人后来的人生大相径庭？原因就在于他们对人生的态度和境界不同。一个人假如没有崇高的理想，他将永不可能拥有卓越的人生。

任正非无疑是一个理想主义者，并且是一个专注于做一件事的执拗理想主义者。华为的发展离不开任正非的理想主义指引，几十年来，他一直带领着华为人坚定不移地做一件事：对准通信领域这座"城墙口"冲锋，不论外界怎么质疑，始终把理想和目标看得高过利益。他说："守住'上甘岭'是很难的，还有好多牺牲，但是华为坚持不上市，股东们看到股市那可以赚儿亿、十几亿、几百亿，逼着自己横向发展的话，那我们就攻不了'无人区'了。"

华为每年都会拿出几千亿元来炮轰"城墙口"，用于研发和市场服务部门。华为凭借不屈不挠的精神，在全球经济不景气的情况下，依然能够逆风飞扬。最终，在大数据传送方面，华为成为世界领先。

跟爱立信等其他公司相比，华为的员工多了三万多，每年的管理费用也多出四五十亿，即便如此，任正非仍坚持每年花上亿美元请 IBM 顾问团队来公司帮忙管理企业，改进管理方式。对很多人来说，这似乎是画蛇添足的，但对任正非来说，意义重大，这个意义就是他的理想主义色彩。

在重金聘请顾问的同时，华为的员工渐渐端正了学习态度，思想境界也得到了提升。

华为成长过程中，正逢中国房地产爆发时期，华为的公司楼下有一个交易所，每天在那里买股票的人，里里外外围了一圈又一圈，水泄不通。但华为内部却平静如水，每个人都在拼命干活，没有人因此而蠢蠢欲动。

那个时期，如果你买股票发财，很可能不用再为买房、培养孩子的费用而苦恼，在北京生存的困难也会演变成小菜一碟。但华为人经得起这个诱惑，每个人都镇定自若。

为什么大家都如此淡定？任正非不无自豪地说，这就是一种企业文化。而这个企业文化，如果要总结的话，那就是：傻！不把钱看成中心的傻！对华为来讲，中心是理想，理想就是要守住"上甘岭"，至于钱，它才不是最重要的！

"心无旁骛、专注技术、管理企业危机感强"，这是外界对任正非的一致评价。任正非的理想主义色彩，常常表现出强烈的生存危机感。2012 年，华为的国际咨询会议上，一位英国顾问期望任正非展望一下未来二十年的华为远景，谁知任正非脱口而出："20 年后的华为，我可以告诉你，两个字：坟墓。"

在场的全球三十多位顾问及高层都不禁大吃一惊，任正非的未来展望显然与众不同，他太灰色。但也正是这种时刻保持警醒、从不自满的心态，让华为在他的指引下反而能够克服困难，勇往直前。

一位奔驰公司的前高管心领神会地说："任先生这么想，20 年后的华为只会变得更强大，德国能有今天，也是因为我们民族总有危机意识，华为跟我们很像。"

华为逐渐强大后，研究华为的书籍开始陆陆续续上市，当年有一本名叫《卓越与孤独》的书寄到华为，全公司的高层们看到后的第一反应竟然是，书名取得太虚了，华为不垮掉就好了，哪来的卓越啊。于是强烈建议修改书名，最后竟然换成了《下一个倒下的会不会是华为》。

任正非的人格魅力潜移默化地影响着公司每一个人，影响着公司的发展。2014 年，华为在全年业绩上首次超越爱立信，任正非却在 5 月份的内部会议讲话中说："华为的财务曾算过账，华为的现金够吃 3 个月，当第 91 天来临时，华为如何度过危机呢？"

他从没有在欢庆之余自我膨胀，相反，居安思危成了他的座右铭。华为远离自满，始终保持初心，不断努力的过程中，一直在自身不足上下功夫，正因如此，它才不断壮大，才达到了今天难以逾越的高度。

强手如林的通信行业想活下来本身已经不易，做龙头老大，更是风险与荣耀并存，华为能够摘得桂冠，长期屹立不倒，靠的就是一份"修教堂"的理想和执着。取得巨大成绩时，任正非从不沾沾自喜，某种程度上，正是因为他的危机意识，才让华为成为不陨落的商海奇观。

任正非崇尚灰度，但是这种灰度并非他人格的体现。相反，他率直，简单，诚实，脾气偶尔暴躁，他是铁骨铮铮的男子汉，在理想面前，豁达而不妥协，他骨子里的颜色是自由的，而他的创业哲学却是灰色的，人如其名："正，就是非；非，就是正。非中有正，正中有非。"

抬石头是一种灰，修教堂也是一种灰，有灰度的人肯定都经历过痛苦，但只有经历了这种痛苦，痛定思痛，才能修炼成精。还是那句话，人生的态度是很重要的，理想主义境界崇高无比，只要坚定不移地实践下去，教堂迟早会修好的。

让员工有信心讲真话

> 我承诺，只要我还飞得动，就会到艰苦地区来看你
> 们，到战乱、瘟疫地区来陪你们，我若贪生怕死，何来让
> 你们英勇奋斗。
>
> ——任正非

《邹忌讽齐王纳谏》中讲述了这样一个故事：齐王接纳了谋士邹忌广开言路的建议，下令："群臣吏民能面刺寡人之过者，受上赏；上书谏寡人者，受中赏；能谤讥于市朝，闻寡人之耳者，受下赏。"2017 年，任正非也做了两回齐王，轰动一时，引起网友一片热议。

其一：

9 月 4 日，任正非签发了一封邮件，在邮件中他是这么说的："我们要鼓励员工及各级干部讲真话，真话有正确的、不正确的，各级组织采纳不采纳，并没什么问题，而是风气要改变。真话有利于改进管理，假话只有使管理变得复杂，成本更高。因此，公司决定对梁山广，工号 00379880，晋升两级，到 16A，即日生效，并不影响其正常考核与晋升。根据其自愿选择工作岗位及地点，可以去上研所工作，由邓泰华保

护不受打击报复。"

邮件中提到的邓泰华，是华为无线网络产品线总裁，职位之高，可想而知。任正非是铁了心要保护这位员工的，并且在华为内部有明确规定，想要晋升两级，一般至少需要三年时间的基层锻炼，甚至有些人会被外派到其他国家或地区。梁山广没有这种经历，想要从16C直接晋升到16A，恐怕连他自己都不曾奢望过。

2016年，有人曾晒过华为员工的工资标准，可以据此推算，梁山广的薪资待遇从16C直接跨度到16A，也就是说，月薪从每月的14500元，直接忽略掉16B的17000元而上调到19500元，幅度不可谓不大。

在华为，任职资格和技术等级是挂钩的，规定技术等级+13=任职资格。也就是说，如果技术等级为3A，任职资格就是16A，在华为内部，两级相当于6等，正常情况下，需要2～4年甚至更久的时间才能晋升为6等。梁山广无异于直上青云的代表，难怪消息一出，华为内部论坛立即惊爆，不少人称可以载入华为史册。更有网友感叹："这才是华为做大做强做远之道！在中国，无论是国企还是私企，老板大多喜欢听大话、空话甚至假话，一级糊弄一级，全员糊弄老板，企业怎会不败！"

据称，梁山广实名举报NUI业务造假的问题，而这个问题，在华为基层员工那里，知道的肯定不止一人，但很多人都采取观望的态度，有人在事后给予梁山广足够的佩服："这兄弟内心还真是强大，我仔细想了一下，如果是我发了那个帖子，在后续一系列公关面前，可能真不会有他那么坚定。尤其是看到他 8 月 18 日说的那句话，那时，正是调查关键期……”

不光是在华为，在中国一些地方，“讲真话”往往都意味着“得罪人”，个人成本更高，很多人不敢讲真话，宁愿揣着明白装糊涂。梁山广被嘉奖的消息出来后，不少人躁动不已，纷纷在论坛发表自己的见解：“我也喜欢讲真话，但是得罪的人太多，最后倒霉的还是自己，后台不硬，就别指望说真话。”“这种事在我们公司是不可能的，爱说真话，会被时不时‘敲打’两下，发个朋友圈都要想一想是不是对公司影响不好，然后只能分组屏蔽。”

诸如此类，不胜枚举。因此，许多人的字典里，谨言慎行，少说真话，少树敌，保持高情商比较重要。目前，在不少大的企业里，提高情商已经被纳入工作必修项。

由此可见，一个公司的领导，其领导力，对员工是否能够和愿意讲真话，起到至关重要的作用。不愿听真话、就喜欢假大空的领导，格局摆在那儿，员工人格魅力是无论如何也发挥不出来的，而任正非此举无疑是冒天下之大不韪，有意打破华为的官僚主义和僵化的组织结构。他通过营造讲真话的氛围，激发正气，激活组织，用破格提拔来打破保守的人岗制度，真正做到了“文化和人才拧成一朵麻花，才能英雄辈出”。

微软 CEO 萨提亚·纳德拉曾说：“只有人对了，文化到位了，战略才会顺理成章。”这句话用在任正非身上再恰当不过。

职场要不要讲真话，任正非大张旗鼓地给予了肯定：“公司应该有信心讲真话，面对上级不说假话，不搞假动作，面对同事要襟怀坦白，心直口快，直言不讳，善于磋商，这样就会产生真实为客户服务、创造价值的解决方案。"由此可见，他对讲真话的重视程度，以及对这种精神的弘扬和肯定力度。

其二：

9 月 6 日，任正非再度签发一封总裁办电子邮件《我们要紧紧揪住优秀人物的贡献，紧紧盯住他的优点，学习他的榜样。这样成为一种文化，这就是哲学》，这次邮件的主角是一个已经辞职的员工孔令贤，一位被华为破格提拔的人才代表。

孔令贤 2011 年于西安电子科技大学硕士一毕业就进入华为，是一位出色的技术程序员，在华为工作四年半的时间里，年仅 29 岁的他被破格提拔三级，2015 年却主动离职了。

任正非这封邮件的主题思想，就是呼唤孔令贤能够重新回到华为，这种表态，字里行间流露出他对优秀人才的珍惜。华为目前约有 18 万名员工，每位员工都非等闲之辈，部门里每一个人都有自己的一把刷子，各有所长，是一个各式各样的专家组合体，这样一个精良团队，应该不缺一个孔令贤，但任正非的呼唤，足见他的坦荡和求贤若渴。他甚至在邮件中写道："公司错了，你回来吧！"

在任正非这封邮件发出去不久后，已经移民新西兰的孔令贤在微博上做出了回应："加西亚已收到，没有谁对不住谁，华为是民族企业的骄傲，提起华为我依然自豪，希望以后还能有合作的机会。"

不少人会质疑，英雄总相惜，但既然相惜，携手共赴前程似乎才是王道，为什么又要分道扬镳呢？不能否认，从华为基层两名员工的事件来看，华为内部肯定不是十全十美的，会有这样或那样的问题，对一个人员庞大的企业来说，也是在所难免的。有人的地方就有竞争，这个世上没有绝对的公平。

而任正非无疑也意识到了公司内部的某些矛盾，因此，才大张旗鼓地表态，给全员服下一颗定心丸。

据悉，孔令贤为自己的离职做了一份详细剖析，他在《新西兰移民——开端》一文中披露了自己的心路历程："自己在华为这个位置上做得时间长了，有点温水煮青蛙的感觉，慢慢地就没有了'奋斗'精神，而逐渐变成了琢磨如何争取更多的资源、如何揣摩领导们的心思、如何配合公司的战略、如何制定团队的目标和方向、如何在做团队排序的同时能够让团队里每一个兄弟姐妹都能感到公平，等等。自己在技术上花的时间在逐渐变少，而写PPT、开会以及团队琐事却占据了大部分时间和精力……"

不能说孔令贤的决定是错误的，有的人喜欢一门心思钻研技术，心无旁骛；有的人热爱混迹于管理层，隔三岔五就带大家出去吃喝一顿，或享受权力带来的威严感，只能说人各有志。

唯一颇有微词的就是华为的工作强度，这个几乎是众所周知的。任正非说："三十多岁正值年轻力壮，不努力，光想躺在床上数钱，可能吗？"一直以来，提倡长期艰苦奋斗，是任正非永不改变的生存原则，他一直在强调，粮食是永无止境的，华为不希望惰性把自己搞没了，其实，这也是要给企业家建立危机意识。

工作对很多人来说，是养家糊口，但对任正非来说，更多的是一种修行。不断提升企业的目标，让员工在勤奋忘我中工作，在工作中实现自己的价值，并更好地发挥自身优势，这才是华为的竞争精髓。

2017年春节，任正非亲赴南美厄瓜多尔、玻利维亚和巴拉圭，之后又马不停蹄地去了泰国和尼泊尔，还特意去了海拔5200多米的珠峰看大本营基站点，看望并慰问在那里奋战的员工，他激情澎湃地说："我承诺，只要我还飞得动，就会到艰苦地区来看你们，到战乱、瘟疫地区来陪你们，我若贪生怕死，何来让你们英勇奋斗。"

如果华为18万员工了解了任正非的奋斗史，也就不会去埋怨华为的工作强度了。何况，在任何一家企业，挑战艰苦，务实奋战，都是优秀人才必不可少的一种精神品质。

可以说，任正非的胸襟、气魄和格局，是成就华为今日辉煌的首要前提和保证。

哲人说，人有两只眼睛，看万物，看世间，看他人，就是看不到自己；能看到别人的过失，却看不到自己的缺点；能看到别人的贪婪，却看不到自己的吝啬；能看到别人的愚昧，却看不到自己的无知；能看到别人的目光短浅，却看不到自己的狭隘。因此，人能够多反思，能有自知之明，才是难能可贵的。

华为自律宣言

> "千里之堤，毁于蚁穴。"内朽自毁的悲剧，警戒所有
> 企业，绝不能重蹈覆辙，只有领导层从自身做起，严格自
> 律，众志成城，把所有力量都聚集在公司的业务发展上，
> 员工才能在领导的奋力牵引下艰苦努力，达到上下齐心，
> 众人拾柴火焰高的气势。
>
> ——任正非

2017 年 1 月 11 日，华为公司全体董事会、监事会成员举行了隆重的干部作风宣誓大会，任正非、孙亚芳、郭平、徐直军、徐文伟、李杰等出席宣誓仪式，他们站成一排，高举右手，集体进行宣誓。

宣誓内容包括八条：

第一，我绝不搞迎来送往，不给上级送礼，不当面赞扬上级，把精力放在为客户服务上。

第二，我绝不动用公司资源，也不能占用工作时间，为上级或其家属办私事。遇非办不可的特殊情况，应申报并由受益人支付相关费用。

第三，我绝不说假话，不捂盖子，不评价不了解的情况，不传播不实之词，有意见直接与当事人沟通或报告上级，更不能侵犯他人隐私。

第四，我们认真阅读文件、理解指令。主管的责任是胜利，不是简单地服从。主管尽职尽责的标准是通过激发部属的积极性、主动性、创造性去获取胜利。

第五，我们反对官僚主义，反对不作为，反对发牢骚讲怪话。对矛盾不回避，对困难不躲闪，积极探索，努力作为，勇于担当。

第六，我们反对文山会海，反对繁文缛节。学会复杂问题简单化，六百字以内说清一个重大问题。

第七，我绝不偷窃，绝不私费公报，绝不贪污受贿，绝不造假，我们也绝不允许我们当中任何人这样做，要爱护自身人格。

第八，我们绝不允许跟人、站队的不良行为在华为形成风气。个人应通过努力工作、创造价值去争取机会。

宣誓内容切中了企业管理的要领，治理企业如同治家理国，企业领导自律是基础，执行是关键，有法监督是重点。宣誓无疑起到了振奋人心的警醒作用，也为企业以后的良性发展奠定了基础。

实际上，早在2005年，华为就意识到了公司最大的风险来自于内部矛盾，必须保持领导干部的廉洁自律作风，才能保证公司持久蓬勃生机，健康发展。

2005年12月起，华为着手召开EMT（Executive Management

Team，经营管理团队）民主生活会，会议通过《EMT自律宣言》，要求在此后的两年时间内完成EMT成员、中高层干部的关联供应商申报与关系清理，并通过制度化宣誓方式层层覆盖所有干部，接受全体员工的监督。到了2007年9月29日，公司正式举行了首次《EMT自律宣言》宣誓大会，这种宣誓活动制度化开展至今。

华为的反腐宣言并非空穴来风，十多年来，整个电信行业的丑闻层出不穷，几经沉浮，老牌巨头西门子、朗讯、中兴等纷纷爆发腐败丑闻，直接导致了它们的声誉受到严重影响，大牌纷纷倒下的同时，也为同行敲响了警钟。

以西门子为例，20世纪90年代，西门子在谋求与意大利国有企业泰尔的合作时，竞争对手包括数家跨国企业，激烈竞争数月后，西门子最终胜出。但它的胜利背后，却牵扯着价值6738万美元的行贿行为，意大利检察机关对此展开了详细的调查，最终查清了这起暗箱操作案件。

值得一提的是，造成西门子这种商业贿赂的直接推动者就是西门子的管理层。1989年，西门子进行大规模重组，15个下属部门在很大程度上可以独立经营，自主进行金融交易，总部的职能只是集中在整个公司层面的经营发展和决策上。这些下属部门的领导于是利用自主经营权及当时法律的缺失，在佣金和咨询费的掩饰下，通过贿赂谋取合同。

丑闻爆出后，西门子损失惨重，公司不得不开展内部严打，紧急制定一系列内部监管规章，并设立了一名检察官，只要发现任何商业腐败行为，西门子员工都可以独立向检察官举报，然后由他决定是否将被举报人员停职反省。

案例告诉我们，任何公司的衰败，无一不与内部管理问题有关，这就说明，忧患意识和廉政管理在企业管理中是何其重要，它关乎着企业长足发展、生死存亡。

在其他电信巨头纷纷落幕之时，后起之秀的华为却逆势而起，从根源抓起，在管理层和制度上坚决杜绝腐败。2013年，当时华为几百名高管集体庄严宣誓："我们必须廉洁正气、奋发图强、励精图治，带领公司冲过未来征程上的暗礁险滩。我们绝不允许'上梁不正下梁歪'，绝不允许'堡垒从内部攻破'。我们将坚决履行承诺，并接受公司监事会和全体员工的监督。"

壮志豪情的宣言，包含以下六条内容：

第一，正人先正己、以身作则、严于律己，做全体员工的楷模。高级干部的合法收入只能来自华为的分红及薪酬，不得以其他方式获得收入。

第二，高级干部要正直无私，用人要五湖四海，不拉帮结派。不在自己管辖范围内形成不良作风。

第三，不窃取、不泄露公司商业机密，不侵犯其他公司的商业机密。

第四，绝不接触中国的任何国家机密，以及任何其他国家的任何国家机密。

第五，不私费公报。

第六，高级干部要有自我约束能力，通过自查、自纠、自我批判，每日三省吾身，以此建立干部队伍的自洁机制。

可以说，企业到了一定规模，内斗是必然，为了利益，各成一派，各自站队，有时搞政治斗争，走火入魔的人不止一二，一些领导认为你不是他山头的人，什么屎盆子、脏水变着法儿地往你身上扣，也是十分常见的现象。而往往最高层领导蒙在鼓里，看不到事实真相，因此，从高层队伍的自律性抓起，提升自身素质，显得尤其重要。可以说，华为的成长与它的严谨自律有着密切的关系。

财务管理转型

> 以后买房子，我一定要买个阳台特大的，还要买一个大靴子，天气好的时候，就把钱拿到阳台上晒一晒，不然钱全部要发霉了。
>
> ——任正非

公司规模越来越大时，如何将财务风险降到最低，这是任何规模大的公司都面临的一个重要的管理问题。

华为自 2004 年以来，公司业务突飞猛进，利润率却在不断下滑。在 2007 年的年报上，公司从 2003 年 19% 的利润率降到 7%，净利润也从 14% 下降到 5%。如何保持高速增长、稳步发展的同时，提高盈利水平？任正非为此没少费心思。

中国的绝大部分企业虽然拥有财务成本核算，但却缺乏前瞻性的预算管理，而这一点却是跨国公司所擅长的。因此，任正非想到了自己的好伙伴 IBM，如果能请他们帮忙，把规范的财务管理植入公司整个运营流程，实现收入与利润的平衡发展的话，那么，华为就可以更有效地支持全球化的运营和增长。

2007 年，任正非亲自给 IBM 公司的 CEO 彭明盛写了一封求助信，请他们的财务人员前来帮助。前文已经讲过，IBM 与华为有着很深的渊源，任正非对它是十分佩服的，华为也曾在它的帮助下，实现脱胎换骨的增长。没多久，IBM 请华为公司近 10 位财务人员前往美国总部进行了为期三天的访问，之后，迅速把华为列为事业部重要客户，这也是 IBM 在全球几十家事业部客户中唯一一家中国企业。因此可以看出，任正非为实现华为的财务管理转型，一定花费巨大，而参与到财务转型的 IBM 人员的级别也是极高的，他们全是各个地区 CFO 级别的人物。

在 IBM 的指导下，华为进行了一系列改革，首先启动了 IFS[①] 项目，推进核算、预算、监控、审计等体系的改革；其次还推行了三角形循环管理组织、流程体系等，但 IFS 变革的过程并不轻松，因为触动的面大，很多体系和部门对此强烈不满，层层阻力下，任正非站出来力挺变革："IFS 是公司层面的变革，不是财经体系的变革。如果对变革不适应，应该先削足适履。"

任正非非常推崇这一套管理模式，他认为这不但建立了弹性计划预算体系，还构建了三级监控，对降低公司的财务风险和金融风险有极大的帮助作用。他说："全球统一的会计核算和审计监控是长江的两道堤坝，只有这两道堤坝足够坚固，财经管理职能才能从容有效地开展。"

---

① IFS：Internet Finance service，即互联网金融服务。

华为要求不同干部对不同监控和审计点负责，亲自审核数据，确保真实性，还要求每个财务管理人员每天都要写工作日记，主管领导要进行审批，拿到数据库，再让专门的部门定期进行审查，三个月后，每个主管经理还要向公司汇报并保证数据的真实性，以防止造假现象的发生。

最厉害的是，华为将子公司全部虚壳化，对财务人员和财务处理实行跨区域和跨国度集中管理的办法，充分调动它的优势，做到集中监管，节省成本，细化分工，公平业绩考核，这能最大程度地保障扩张了的华为不至于失控。

简单概括就是：第一，实现了收支平衡，告别了野蛮增长；第二，让财务监管无处不在，统筹有序监督管理；第三，准确的预测，是华为有效管理的灵魂。

华为大刀阔斧地进行财务管理转型，首先在理财理念上就胜人一筹，如果把技术、规章制度都解决了，公司全体员工坚决执行，华为的利润一定会有所好转。事实证明任正非是对的，自 2007 年下半年启动财务转型后，华为的营业利润率由 2007 年的 10%，上升到 2008 年的 13%，销售收入也比成本增长高出 3.4 个百分点，而费用率则由 28.5% 降至 26.7%。

2018 年，华为公布："账务核算已经实现了全球 7×24 小时的循环结账机制，充分利用了共享中心的时差优势，在同一数据平台、同一结账规则下，共享中心接力传递结账作业，极大缩短了结账的日历天数，24 小时系统自动滚动调度结账数据，170+ 系统无缝衔接，每小时处理 4000 万行数据，共享中心'日不落'地循环结账，以最快的速度支撑着130+代表处经营数据的及时获取。"

可以说，华为的成功离不开严格的财务管理，高质高效的财务管理也是华为的生产力之一。

"鲶鱼效应"的极致应用

> 世界上一切资源都可能枯竭，只有一种资源可以生生
> 不息，那就是文化。
>
> ——任正非

挪威有一种沙丁鱼，味道鲜美，很多渔民靠捕捞它们为生。可是这种鱼生命脆弱，离开深海就易死，而死鱼是卖不了好价钱的。

很多人为此犯愁，但均没有办法。然而有一位老渔夫，却有"独门绝招"，他捕捉的沙丁鱼，非但不会死，还被疯狂抢购，甚至价钱也要高其他渔民好几倍。

这个老渔民的绝招究竟是什么？他讳莫如深，守口如瓶，直到临终，才将这个秘密说出来。原来，他每次都会在捕捉上来的沙丁鱼中，放入几条鲶鱼。由于鲶鱼生性好动，四处乱窜，因此沙丁鱼变得紧张起来，也跟着不停游动，这样，水面就会波动，水里氧气充分，沙丁鱼也就大大降低了死亡率。

这种由于鲶鱼搅动了其生存环境，而意外激发了沙丁鱼的生存能力的方法，就叫作"鲶鱼效应"。利用鲶鱼效应，刺激一些企业活跃起来投入市场中去，从而激发其他同行业，

达到"治疗"作用。

"鲶鱼效应"意味着激烈竞争，从乐观的方向考虑，这种竞争是好处多多的。华为将它引入到企业管理中去，专门建立两个鉴定测试中心，一个在北京，占地528平方米；一个在杭州，占地1000多平方米。以这两个部门为撬点，严格把控质量关，让华为的产品没有最好，只有更好。

产品好，服务好，才能赢得客户的尊重。而往往服务好，是很多企业所欠缺的。这里的服务，不一定是看得见的服务，还包括那些看不见的，但是又非常重要的服务。华为3Com公司2003年正式运营时，曾遭遇过类似问题。当时CTO曹向英意识到这个问题，她说："如果想长足地进入国际市场，从产品的技术、功能、性价比等方面看，我们没有问题，但关键在于'质量'问题，这里的'质量'并不是我们平时所说的'质量'，而是产品的全流程质量管理，设计许多用户平时看不见的、产品背后的环节。对产品的设计理念、开发、元器件采购到生产工艺过程控制、工程安装、服装等多项指标进行全方位的审视，就像是接受一次回炉锻造般的再生。在新公司运行的第一年里，研发体系一面要不间断地输出大量的产品，一面要打破我们的习惯思维和管理模式，迅速地建立起一套符合国际标准的质量保障体系，承受的压力非常大。"

参照国际标准来提升华为服务质量，跟全球知名网络测试商合作，将全球各国不同的测试标准都纳入进来，从而更快捷地提升了华为的全球服务。如果测试中心鉴定产品性能不过关，那么，华为的产品就不能流通出去。可以说，这个测试中心就是华为的"鲶鱼"，由它激活了华为研发流程的方方面面，提升了华为产品的质量。

华为的"鲶鱼效应"还体现在拯救员工的惰性上。一个人在一个部门待得久了，就很容易倚老卖老，产生厌倦、懒惰等情绪，为了激发员工的挑战欲和求知欲，公司会不定期安排他们到不同的地点出差，酒店和机票全包，让他们尽力去熟悉陌生的环境，寻找新鲜的感觉，从而调动工作的积极性。

还有一些在老总身边待久了的管理层人员，舒服日子过惯了，往往养尊处优，不再像从前那样跟老板一起卖力，为了给这部分人造成一定的心理压力，华为还会花重金从外地聘用一些高端管理人才到公司担任高管，给这些内部管理人员带来一股高压之势，旁敲侧击地让他们赶紧努力起来，否则随时有可能被人换掉。

当然，这种空降高管的例子有利有弊，运营不善，可能会造成公司内部高管分崩离析。但如果运用妥善的话，则能盘活内部人才。

企业如果选择了恰当的时机，在团队失去活力，工作效率下降，人员发展遇到瓶颈，管理岗位无调整等消极状态下，有效利用"鲶鱼效应"，对于员工不求上进、混日子、缺乏工作热情等弊端，可以起到非常好的效果。选择"鲶鱼效应"，择机而动，顺势而为，是企业做大做强的措施之一。

第五章

任正非的

发展观

学习 OPPO、VIVO，未来世界属华为

> 终端太伟大了。向一切优秀的人学习，真正敢批评自己，已经是伟大的人了。不管你真谦虚，假谦虚，我真心地说你们伟大，你们是我们的希望，希望寄托在你们身上。世界一定是你们的。
>
> ——任正非

2016 年，雷军一口气发布了小米两款高端产品，小米势头大好，但面对 OPPO 及 VIVO 的强势进攻，雷军仍旧死要面子，他说："小米要补课，但不会学习 OPPO、VIVO。"

与之相反，任正非却在华为内部大力提倡向 OPPO、VIVO 学习，他认为，一切优秀的人都值得我们学习。

2016 年的国产手机竞争中，华为以 1.39 亿台的出货量稳居第一，而 OPPO、VIVO 则迅速崛起，成为两匹引人注目的黑马，它们分别以 1 亿和超过 8000 万台的出货量紧跟其后。而根据 IDC① 数据显示，在第三季度，这两匹黑马在中国市场的出货量甚至还超越了华为、小米、苹果及三星，成为中国

---

① IDC：Internet Data Center，即互联网数据中心。

市场的冠亚军，虽然三者的差距非常小，但这已经足够引起华为上上下下的重视了。

对此，外界非常兴奋地调侃道：恭喜OPPO、VIVO啦，你们被华为盯上了！

众所周知，谁被华为盯上，都将被华为赶上，并强势超越。这是个不争的事实。早在小米如日中天时，华为内部就开展了学习小米的活动，果不其然，没多久，华为荣耀就诞生了，并且在余承东的带领下，火速超越小米，在2019～2020年做到了中国手机市场第一。

现在，华为向比自己略低一筹的OPPO和VIVO学习，摆低姿态的潜台词显而易见，那就是超越它们！

被华为盯上，是荣幸，也是动力，更是不幸。纵观华为成长历程，市场上就没有华为超越不了的对手。当然，这对于国产品牌来说，也是一件好事，这意味着中国的品牌已经开始崛起，并让世界瞩目。

华为与OPPO、VIVO相比，优劣势都非常明显。

相比后两者而言，华为的劣势如下：

第一，OPPO、VIVO分别请来了各路当红流量明星做代言，并赞助各类综艺娱乐节目，广告的效果显而易见。

这种方式看上去非常传统，而且很费钱，但其实是撒手锏，街头巷尾的人群看到这些品牌广告，早已耳熟能详。代理商不进货，都感觉已经落伍。

华为在传统市场上的宣传力度显然没有后两者好。尽管也请了明星代言，但所请的都是国外的明星，显然瞄准的是海外市场，于国内则很不接地气。

第二，OPPO、VIVO产品精准化，主打核心卖点，效果也较华为突出。提起OPPO，人们马上能说出它的那句广告语"充电两分钟，通话两小时"；提及VIVO，人们马上会想到HI-FI，要做发烧级的音乐手机。而华为在这方面，虽然产品线多，但显然卖点不突出，虽说有"双摄像头"，但面对高端用户比较多，仍然欠缺了地气。

OPPO、VIVO在全国均有数千家门面，还有比较接地气的销售员，在一到四线的城市内，两者的手机销售几乎成了市场手机销售聚集区，"OV"阵营的蓝绿组合，占据了80%的户外广告资源和店面展示资源，一般消费者只要深入其中，便能感受到浓浓的智能手机似乎就是"OV"的天下了。"OV"可以说是发动了"人民战争"，建立了"统一战线"。

相比之下，华为的门面就像是大海中的孤岛，在县级城市，OPPO、VIVO的门店分别是华为的10倍。

第三，华为还没有打出自己的品牌效应。在大部分普通人的心目中，华为毫无疑问是中国品牌，但仅仅只有"质量好"这一个模糊的概念。对于很多消费者而言，他们误把OPPO、VIVO当成了一家，高质量，只是各有所长。在一项二三线城市的调研中，有超过60%的消费者认为"OV"手机都是国外品牌，30%的人认为是韩国品牌。一些消费者甚至认为，华为和苹果都在模仿OPPO，例如快速充电专利，是其他任何品牌都比不上的，OPPO拥有全世界最好的技术。这让自主研发、走国际化道路的华为哭笑不得。

因此，对于公司内部发起学习OPPO、VIVO活动，任正非的态度是非常赞同的。他说："终端太伟大了。向一切优秀的人学习，真正敢批评自己，已经是伟大的人了。不管你真谦虚，假谦虚，我真心地说你们伟大，你们是我们的希望，希望寄托在你们身上。世界一定是你们的。"

但任正非的"怂"并非承认自己的失败，而是为接下来的"华 OV"三国杀做准备。华为相对后两者也有其得天独厚的优势。

首先，"OV"虽然线下销售惊人，但线上却十分惨淡，"双十一"从不占优势，而华为不同，华为的互联网玩得更熟练，可以两栖作战。马云曾说过，未来的市场一定是线上和线下相结合的，要新零售，不要电子商务。"OV"仅靠海陆空明星广告、地面大量门店、强势销售队伍轰炸，还是不够高瞻远瞩的。而华为的线上站稳了脚跟，线下的崛起，也就不十分困难了。

其次，华为是中国唯一一家拥有自主研发处理器的手机厂商，除了超强的自主研发实力，华为的 5G 技术、通信设备的研发能力也在世界遥遥领先，一旦这些与手机打配合，就很难被超越。毕竟营销、渠道可以被模仿，但技术研发能力却很难在短时间内被赶超。

最后，华为的云服务也更强，并且在国际市场上远甩"OV"，云服务作为未来刚需，华为的潜力可以说是巨大的。

总体来说，以"狼性文化"著称的华为，在学习能力上绝对是一流的，执行力更是非同一般，想要超越对手，对华为这匹狼来说，只要把更多的注意力放到国内，下沉一点，它的势头必将锐不可当。

最小的客户都要见

> 世界上对你最好的其实不是老婆，而是客户。老婆是向你要钱的，只有客户才是给你钱的。因此，我们不为客户服务，还能给谁服务？客户才是华为存在的唯一理由！既然决定企业生死存亡的是客户，提供企业生存价值的是客户，企业就必须为客户服务。
>
> ——任正非

作为华为创始人兼掌舵手，任正非素以低调著称，一直以来，他给外界的印象都是披着一层神秘的纱衣，几乎没有媒体可以采访到他，他也从不接受任何媒体采访，被问及为什么不接受采访时，任正非的回答相当直率，他说："我们有什么值得见媒体？我们天天跟客户直接沟通，客户可以多批评我们，他们说了，我们改进就好了。对媒体来说，我们不可能永远都好呀，不能在有点好的时候就吹牛。"

对于媒体，任正非经常说："媒体有他们自己的运作规律，我们不要去参与，媒体说你好，你也别高兴，你未必真好。"他很固执地坚持"低调"作风，不曝光，不宣传，不采访，也不参加任何外界的颁奖典礼，"守拙"是他的一贯主张，过分招摇只会让他浑身不舒服。

2003 年，任正非被评为"中国 IT 十大上升人物"；2005 年，入选美国《时代》杂志"全球 100 位最具影响力人物"；2011 年，任正非首次进入《福布斯》财富杂志富豪榜。一系列荣誉称号，他似乎都"不屑一顾"。外界对任正非的评价是"架子真大"！

2002 年，摩根士丹利首席经济学家斯蒂芬·罗奇带领一个投资团队来到深圳华为总部，想要会见任正非，但任正非并没有亲自接见，只是派了当时负责研发的常务副总裁费敏接待。罗奇非常气愤地说："他拒绝的可是一个 3 万亿美元的团队！"任正非对此的回应却是："他罗奇又不是什么客户，我为什么要见他？如果是客户的话，最小的我都会见。他带来的机构投资者跟我有什么关系呀？我是卖机器的，就要找到买机器的人呀！"

还有一次，某前任部级官员专程从北京赶到深圳华为总部，希望能见任正非一面，任正非仍旧避而不见。负责引见的人急得火烧眉毛，说得口干舌燥，他也无动于衷，最终，那位部长只能败兴而归。

2004 年 4 月 22 日，华为与文莱电讯公司合办了一个国际研讨会，会议开幕前，在文莱最豪华的酒店门口，任正非着装隆重地站在那里，每见到一位客户进场，无论中外、无论大小，他都一一递过名片，并用带着些许乡音的普通话自我介绍道："我是华为的，我姓任。"不少客户看到名片上他的名字和头衔，惊得满脸错愕。

这一次的研讨会，华为作为承建方，请来了全球 40 多个运营商，一起讨论文莱 NGN 下一代网络的商用部署及市场发展，可以想象，他在那里站了多久，握了多少只手，递上了多少张名片。这种"客户才是上帝"的态度，才是任正非对待"见与不见"的根本态度。

坚持"以客户为中心，以奋斗为根本"，一直都是华为文化的核心内容，是华为浓缩了三十多年的管理理念，把它作为华为的工作魂，是所有华为人在几十年奋斗生涯中不知不觉建立起来的价值观，例如早期的校园网、商业网等，就是在满足客户的需求下开发出来的新产品。

当时的华为还是一个小公司，还没意识到"以客户为中心"这一原则的重要性，只是为了谋求生存。到了 20 世纪 90 年代后期，华为摆脱了困境，有段时间开始自我膨胀，以自我为中心，那时经常对客户说"你们应该做什么，我们有什么好产品，你们应该怎么用"，在推介产品的过程中，一味强调自己的技术追求，而忽略经销商的诉求，导致如申请实验基地等许多诉求，被淘汰出局。

吃了苦头的华为这才意识到自己错了，在自我批判中重新寻找价值评判标尺，改变了工作方向：即为客户提供有效服务，不能为客户创造价值的部门为多余部门，不能为客户创造价值的流程为多余流程，不能为客户创造价值的人为多余的人，无论你付出了多少辛苦与努力。相反，为客户做好服务的员工，就是优秀的员工，就可以得到提拔和奖励。

任正非在 2005 年广东政府汇报会上的讲话更是开门见山："世界上对你最好的其实不是老婆，而是客户。老婆是向你要钱的，只有客户才是给你钱的。因此，我们不为客户服务，还能给谁服务？客户才是华为存在的唯一理由！既然决定企业生死存亡的是客户，提供企业生存价值的是客户，企业就必须为客户服务。"

不达目的誓不罢休，与全球所有顶级运营商合作

> 历史给了你们使命，不要躺倒功劳簿上，而要不断革命。新老干部要团结合作，只有携手共进，才能优势互补。英雄是一种集体行为，是一种集体精神，要人人争做英雄！
>
> ——任正非

2018 年的一家公司庆典活动中出现了一幕让人瞠目结舌的画面，画面中许多员工跪地互扇巴掌，美其名曰"狼性文化"，这种毫不把员工尊严放在眼里的企业文化，何谈"狼性文化"？

众所周知，狼是一种群体动物，在作战时，狼从来不是独自作战，而是群起而攻之。正是基于此，"狼性文化"首先就体现在企业的内部团结上，同时，狼亦狡猾多端，不达目的誓不罢休，又象征着一种追求目标的执着精神，可以说，也正是因为此，任正非才欣赏狼，才将华为公司的文化提倡为"狼性文化"，它彰显的是无数华为人前仆后继、冲锋陷阵、团结互助的精神。"胜则举杯相庆，败则拼死相救"的狼性作风，才是"狼性文化"的真谛。

华为的干将，可以说个个都有这种群体作战的"狼性"精神，但并非是"互扇巴掌"。不了解"狼性文化"的本质，真的很容易闹出笑话，令人啼笑皆非。而华为的"狼性训练"之一就是"不达目的誓不罢休"。可以说，华为的成功，有一半是来自这种"狼性文化"。

当通信网络升级到 3G 时，华为就开始部署海外市场，并积极研发相关应用型产品。2006 年，经过努力，华为与西班牙、日本、美国等国的各大运营商达成 3G 供货协议，实现了对北美、日本、欧洲三大发达地区的海外设备市场的全面突破。

从 3G 到 4G 的转变过渡中，华为又将产品深入到法国、英国、德国、荷兰、葡萄牙等在内的 14 个发达国家。在LTE^① 项目刚开始抬头时，华为就马不停蹄地加大了与欧洲各大运营商的合作。2009 年，华为宣布与爱立信共同承担瑞典运营商 TELE SONERA 的全球首张 LTE 商用网络建设。靠着在这方面的技术积累，华为提供的网络在数据吞吐率上是另一个网络的两倍，网络切换成功率也远好于另一个网络，华为承建的挪威地区的 LTE 商用网络速度与切换率都高于对手一倍。

之所以能异军突起，就在于华为有强大的科研能力。任正非本人过着非常朴素的生活，可他把先进的管理理念都运用到了公司的经营中，该花钱的时候他一点儿也不吝啬，这

① LTE: Liner Energy Transfer，即线性能量传递，是指在单位长度的能量传递，是 4G 无线宽带技术的标准，为移动设备用户提供更高的网络容量和速度。

一点让华为所有员工都非常佩服。从他身上，华为员工也学到了太多宝贵的管理经验。

华为人对于想要拿下的目标从不手软，不达目的誓不罢休。一方面不断刻苦钻研技术；另一方面还考虑成本优势，并且对合作伙伴的了解也达到了"知己知彼，百战不殆"的程度。

在挪威运营商选择华为作为 LTE 独家供货商这件事中，就能充分看到华为的"手段"。华为不仅降低运营商的总体运营成本，还针对后期维护做了大量工作，正因为此，瑞典运营商不久也向华为伸出了橄榄枝。

华为在北欧市场的突破，更体现出华为人的"狼性文化"精神。在取得欧洲市场之前，华为已经在无线领域与欧洲运营商那里进行了大量前期合作，他们对此做了大量的市场调研与经验总结，不论是沃达丰还是法国电信等，欧洲运营商选择合作伙伴的首要标准就是可信性。所谓的可信性，不仅包括产品，也包括供货商，其次才是解决方案的能力，最后是交付和服务能力。

华为知道欧洲运营商非常挑剔，对于这几个方面的要求都非常高，就首先在可信性上完成了突破。华为在欧洲尝试和运营商共建联合研发中心，建立移动、网络、软件和核心网四个联合研发中心，同时设立了全球唯一一个华为产品的管理部，这样更能方便地满足欧洲运营商对于产品和解决方案的需求，取得他们的信赖也就水到渠成了。

长年累月地与各大运营商合作，诚信满满，让华为的口碑稳稳地建立起来。因此，华为在欧洲的顶级运营商眼里，是最值得信赖的公司。

借势，群攻，不达目的誓不罢休，华为的"狼性文化"精神鲜明而赤裸，华为永远不临时抱佛脚，它所达到的一切成果之前，都投入了大量的铺垫与积累。华为深知没有捡来的便宜，合作是共赢，更是需要长年累月的积累。借力打力，华为总能从不起眼的地方入手，为自己谋取到最后的大胜利。

早在与 NEUF 合作之前，华为就有意接触这家代理商——阿尔斯通，这是一家法国的系统集成供应商，他们承揽一些电信的集成项目，就在他们为找不到价格更为合适的设备商而愁眉不展之际，华为瞄上了他们。

当时，阿尔斯通接了一个非电信核心业务的城域网项目，但这个项目不在法国，而是在东欧的捷克。华为主动送上门去，以非常优惠的价格与之合作，阿尔斯通起初只是抱着解救自我的试合作想法与华为开展第一次合作，哪想到"中国货"如此价廉质优，他们简直喜出望外。就这样，他们对华为的产品至此深信不疑。

没有阿尔斯通的推荐，华为拿不下 NEUF，也就无从谈起法国全境的光传输网络大单。在法国渐渐打开了知名度后，华为与合作伙伴不断开展合作，在电信网络、终端和云计算等领域都构成了合作与解决方案的优势。华为也不断为客户的需求持续创新，尽最大可能地满足客户的要求，为他们创造最大价值。

2017 年，华为的产品和解决方案已经应用于 150 多个国家，服务于全球 500 多家顶级电信运营商，华为产品和技术的不断升级，让华为人更加奋发图强，朝气蓬勃，他们深深记得任正非的一句话:"历史给了你们使命,不要躺倒功劳簿上,而要不断革命。新老干部要团结合作,只有携手共进,才能优势互补。英雄是一种集体行为,是一种集体精神,要人人争做英雄!"

任何"物美价廉"的东西都靠不住

再不可以忽悠中国消费者了。什么"物美价廉",什么"让消费者享受低价"等,这些东西都是靠不住的。提升产品品质,需要巨大的投入和决心,需要几十年厚积薄发。你一味低价,就没有好产品。而消费者根上的需求是好产品,是高品质的产品。企业满足不了他们的需求,就把他们逼出中国,到日本等国去狂购。

——任正非

2016 年 2 月的巴塞罗那通信展上,任正非的一番话非常犀利,引起了不少的讨论。他说:"再不可以忽悠中国消费者了。什么'物美价廉',什么'让消费者享受低价'等,这些东西都是靠不住的。提升产品品质,需要巨大的投入和决心,需要几十年厚积薄发。你一味低价,就没有好产品。而消费者根上的需求是好产品,是高品质的产品。企业满足不了他们的需求,就把他们逼出中国,到日本等国去狂购。"

简而言之,任正非的意思就是物美价廉的东西大多是靠不住的。自然,作为消费者来说,每个人都希望自己所购买的东西都能够物美价廉;但从生产者的角度来看,真正的物美价廉是难以做到的。

任正非认为手机的"物美价廉",是不值得提倡的。没有品质做保障,再合理的低价,本质上都是不合理的。所谓"一分价钱一分货"。

手机消费市场的线上销售,很多商家的低价营销,在一定时期内取得了不错的效果。但从长远看,降价战,就意味着从元器件上节省成本,这就一定会导致品质的下降。例如小米的红米手机,在不断地挑战价格底线后,却遭到了更多的质量投诉问题。

任正非从不吝惜科研的资金投入。在华为手机的过去十几年发展中,华为累计投资了2400亿元搞研发,17万多员工中就有45%的研发人员,并在全球设立了16个研发中心,31个联合创新中心,加入了170多个彼岸准组织和开源组织。华为始终都在坚守靠研发和技术说话,而不是靠低价战取胜。也正是这样的理念,让华为的荣耀系列产品迅速崛起。

截至2015年12月底,华为官宣,手机发货量突破1亿台,这是国内手机厂商首次年出货量突破1亿台大关,成为仅次于三星、苹果的全球第三大手机厂商。而这个数字的背后,华为只用了短短5年:自2010年华为的3000万台手机到2015年的1亿台,整整增长了30倍!

到了2018年,华为在余承东的带领下,又不负众望,成功将华为手机跻身世界前列。如今,华为已经可以凭借先进的技术领先世界。从前,人们为能买到苹果手机而感到自豪,如今,人们为提及华为而倍感自豪。

华为手机的成功,与公司的大力拓展销售渠道也有很大的关系。华为先后与互联网领域巨头腾讯合作，接着又与爱奇艺合作，之后又在北京推出自己的首款支持 4G 网络的新款手机，并进军海外市场，在马来西亚、德国、韩国均先后上市。

到 2016 年上半年，华为手机的市场份额已经比苹果高了，更是把其他品牌的手机彻底甩在了后面。同时，在英国伦敦的发布会以及上海大舞台华为国际版的发布会上，华为手机的各种性能，包括电池的充电及续航时间，指标都已经远远超过了苹果。

任正非没少研究苹果的成功经验，这也为华为打下了赶超的基础。他指出，苹果曾经之所以能成为市值最高的公司，就在于苹果敢于创新和想象，同时在工艺上能精益求精做到极致。虽然随着乔布斯的去世，苹果有跌下神坛的趋势，但苹果的理想与现实、艺术与工艺的和谐共存，却是非常值得推崇的。

因此，任正非提出："要回归本质，讲求质价比……要实实在在地做实体经济，只有实体经济踏踏实实发展了，才有希望将追求质价比的消费观替代性价比，最终成为衡量新国货的标杆。否则，'物美价廉'将永远是一个梦。"

站在"云"端看世界

> 在这个日益智能和互联网的世界，我们需要快速、智慧和高效的 5G 无线网络以及云计算技术和分析能力。华为正在加速 5G 技术的发展，助力企业应用轻松入云，让云计算更为普及，更易于部署，把精彩体验带到人们生活的每个角落。
>
> ——任正非

2016 年 8 月 31 日，华为在上海召开了有史以来规模最大的面向全世界 ICT 行业的全球生态大会——华为全联接大会，为期三天的发布会，华为的"云"志向令世界瞩目。

在此之前，任正非曾表示，华为正在为本行业攻入无人区，处在无人领航、无人跟随的困境，华为每年有"三会"：华为云计算大会、华为网络大会、华为开发者大会，将这三项大会合并为一，称之为"云战略"。随着逐步逼近香农定理、摩尔定律的极限，面对大流量、低时延的理论还未创造出来，华为感到前途茫茫，找不到方向，已处于迷航中。重大创新是无人区的生存法则，没有理论和技术的突破，是不可能产生爆发性创新的。

任正非认为，华为追着人跑的"机会主义"高速度将会逐渐慢下来，创立引导理论的责任已经到来。

理论与技术创新远非一朝一夕可以做到，但华为却敢于承担无人区引领者的角色，这让许多人产生了无限感慨。在过去的几十年，华为给人苦行僧的感觉，谨言慎行，默默前进，而现在，华为展示了它的抱负和雄心壮志。任正非说："我希望华为从一家公司，成长为一家伟大的公司，搭建一个全球化的全联接智能平台。"面向世界，华为首度向社会明确未来的战略目标。"站在云端看世界"，可以说就是华为的宣言。

当天来自 120 多个国家和地区的约两万名业界精英代表，围绕"塑造云时代"这一主题，共同探讨了云时代趋势与洞察，如何打造云技术、构造云生态等问题。

大会首场，华为的副董事长、轮值 CEO 胡厚崑做了精彩演讲，他表示，云时代是智能社会已经来临的标志，信息通信技术是智能社会最重要的基石，其中，"云"是万物智能的源泉，与此对应的是全面协同的"云、端、管"构架。未来，人和动物都能感知环境，成为智能世界的入口，光缆和无线网络可以提供无处不在的超宽带连接，分布全球而又相互连接的计算机汇聚了海量信息，云端将一个"数字大脑"实时进化，永不衰老，人和机器可以通过连接和终端随时调用其智慧。

他认为，下一个十年将会是云 2.0 时代，行业云将兴起。到 2025 年，所有企业信息技术解决方案都会被云化，85% 以上的企业应用会被部署到云商。"云正在塑造一切，有变革才有重生。对于任何企业来说，2.0 时代，有变化，才有希望。有行动，才有未来。"每个企业需要结合自身核心业务，探索最适合自己的云化解决方案。

胡厚崑结合华为经验，提出了"化云为雨，让云为业务创造价值"的理念和三个实现途径：首先，重塑观念，重新认识 ICT（信息技术通讯）的作用，企业要把信息技术从辅助性技术上升为生产技术，大胆利用技术重新设计生产流程；其次，重构人才，掌握以云为基础的信息技术应成为基本技能；最后，小步快跑，用循序渐进的成功建立持久的信心。

那么，如何实现"化云为雨"？胡厚崑表示，只有以开放、合作、共赢的心态去构建大产业链，才有可能成功。他以华为为例，目前，华为已经与思爱普、埃森哲、微软、英特尔等重要合作伙伴形成商业战略联盟，一起帮客户成功，同时还会积极共建开发者平台和开源社区，引入更多玩家，繁荣这条产业链。

"过去是乱世出英雄，时势造英雄，出来的都是孤胆英雄。而今天，云时代开放、多样、共赢的生态圈，带来了广阔的生长和用武之地，这将是一个英雄辈出的大联盟时代。"华为另一轮值 CEO 郭平说道。

的确，回顾 2000 年，当年还是 IT 新贵的马云，曾与 IT 大佬"西湖论剑"，共同探讨行业的未来，但如今全链接的时代，人们已在努力搭建一个联盟，共同去撬动下一个 10 年的科技创新杠杆。世界经济论坛的一个报告显示，未来 10 年，行业数字化转型可能带来的价值将高达 100 万亿美元。这将是一个巨大的蛋糕。

如何站在云端，分享价值，才是华为关注和希望与世界探讨的。华为给自己的定位，就是成为智能社会的使能者和推动者。

所谓"使能者"，就是赋予他人以能力，也就是数字社会和智能社会 ICT 生态圈的"土壤和能量"，华为对自身的定位不可谓不高。回顾过去，华为将通信服务普及全世界，它就是推动者之一。今天，世界上有超过三分之一的人使用华为，这也是华为定位"推动者"的底气所在。

华为不愿做独自开放的一朵云，而是希望能帮助千家万户搭建好千万朵云，构建产业联盟，做大产业蛋糕，这符合华为一直的经营理念，也符合任正非的思想精髓。华为在 140 多个国家拥有自己的团队、市场，这是很多其他公司所难以媲美的，相对于只做云的公司，华为更接地气。华为对云的战略方向，多年来一直未有改变，并持续加大对云的资金投入，俨然已成为云时代一个超级玩家。

华为对云时代的生态系统建设颇具信心的理念是"利益分享"。郭平说，过去二十多年，华为通过构建员工利益分享机制，以奋斗者为本，激发了员工持续奋斗的热情。这种利益分享机制，现在从内部延伸到了整个生态圈。

郭平说："从大到更大是野蛮生长，需要经得住风雨雷电；从更大到伟大，是理性成长，需要扛得起责任使命。"

华为看得很明白，在云时代，不是赢家通吃，不是强者才能赢，不是大鱼吃小鱼，而是合作共赢。要做到这一点，就要有云的高度、云的思维。这也是华为提倡"站在云端看世界"的原因。

任正非指出："在这个日益智能和互联网的世界，我们需要快速、智慧和高效的 5G 无线网络以及云计算技术和分析能力。华为正在加速 5G 技术的发展，助力企业应用轻松入云，让云计算更为普及，更易于部署，把精彩体验带到人们生活的每个角落。"

云时代伟大在哪里？一个例子可以通俗地讲明：哈雷摩托车进行数字化转型后，所有生产线实现互联互通，1200 多个零件组装成一辆摩托车，仅需 89 秒。转型后，所有的订单，下单可以实现在线化，在线选择发动机型号、颜色，并把交付时间由转型前的 21 天，缩短到仅仅 6 小时。

打破垄断，承建跨大西洋海缆系统工程

> 我们这个时代是知识经济时代，它的核心就是人类创造财富的方式和致富的方式发生了根本的改变。随着时代的进步，特别是由于信息网络给人带来的观念上的变化，使人的创造力得到极大的解放，在这种情况下，创造财富的方式主要是由知识、由管理产生的，也就是说人的因素是第一位的。这是企业要研究的问题……

> ——任正非

长期以来，法国、美国、日本等发达国家长期垄断国际跨洋海缆领域，而 2015 年 10 月 14 日这一天，华为海洋承建的海缆项目，则是发展中国家首次打破了这一垄断。这天，华为海洋网络有限公司承建的喀麦隆—巴西跨大西洋海缆系统工程项目正式签约。

据悉，该海缆系统工程跨越南大西洋，连接喀麦隆海岸城市克里比和巴西东北部城市福塔莱萨，全长约 6000 千米，项目金额约 2 亿美元，现已竣工。

该海缆建设项目有一个很有爱的英文名字——PEACE（Pakistan & East Africa Connecting Europe），它不仅连接东非及红海沿途各国，还规划了地中海各种互联互通，更为亚洲、非洲、欧洲的连接提供最短最快的光纤路由渠道，构筑了一条全新的信息高速公路，成为亚洲、非洲、欧洲连接"排位赛"的魁首，助力这些地区数字经济的发展。

这样重要的一项海缆工程，为何能花落华为？华为又为何能从欧美发达国家众多竞争对手中脱颖而出？这与华为的高科技水平是密不可分的。华为不仅有过硬的产品质量，还有强大的解决问题的方案、工程项目的交付能力，以及能提供全方位的服务需求。

海缆建设的周期长，投资成本高，所以国际海缆对大容量传输的需求甚高，在光传送系统中只有华为能通过扩展光纤系统的有效频谱及提升单位频谱的谱效率来逼近光纤传输系统中对单纤容量的极限需求。华为提供的是工作频谱更宽的光层解决方案，克服了传送性能劣化的弊端，将光纤的实际工作频谱拓宽了 20%。

华为的光层配合频谱整形技术，压缩了单波波长谱宽，将传统的栅格调整到更加精细化管理程度，提升了频谱效率。华为在 PEACE 项目中实现了 16T 的单纤容量，每秒可支持2000 部高清视频的传送。

同时，华为高性能 200G 的光传送技术，在业界独有的信道匹配整形算法，也能应对实际光网络系统中不同类型的传输要求，实现对现有网络环境的最佳匹配。在海洋的超低损耗光纤和超低噪声光放大器中，华为的 200G 技术能实现长达 6800千米的无电中继传输，满足超高速信号对传送距离的要求。

这次喀麦隆—巴西跨大西洋海缆系统项目的签约，是华为海洋与中国联通整合国际国内多方合作资源，创新国际业务拓展模式的一次成功尝试，同时也是中国电信制造业推进国际产能和装备制造的成功案例。中国企业"抱团出海"，靠的就是技术说话。

当前，国际通信99%以上的业务量均是由海底光缆承担的。海底光缆具有容量大、质量高、价格低、安全可靠等优点，会逐步取代通信卫星而成为现代国际通信的主力。因此，喀麦隆—巴西跨大西洋海缆系统项目建成后，非洲和拉美国家的网络就可以直接互联互通，不仅运营成本大大降低，也确保了网络安全。可以说，这一项目为非洲与拉美的网络连接提供了新的路径选择，也为喀麦隆、巴西及相关国家之间的信息交流提供了更可靠、更快速的渠道。

不过，跨洋海缆项目的实施也面临不少困难，其中路径的设计就是个挑战。跨洋海缆距离长，一些海缆的深度甚至相当于珠穆朗玛峰的高度，中间可能遭遇沉船、火山、暗流、深谷等复杂的海底地质情况，铺设过程还需避开珊瑚礁、鱼类栖息地以及其他生态栖息地和常见障碍物，这都需要华为海洋设计出安全可靠、经济可行的路径。

此外，海洋现场施工跟原先的施工设计也可能会有偏差，包括受海上天气影响等，如何在复杂的海洋环境中铺设海缆也对项目施工和管理带来考验。

因此，巴西金砖国家政策中心研究员保罗·罗贝尔在接受《人民日报》记者采访时表示，这一项目有着非常积极的意义，中国公司先进的技术经验将为项目的成功实施奠定基础。

从向美国人民学习，到遭受特朗普打压

> 我不知道美国的动机是什么，美国市场我们暂时不做也没多大关系，至于美国市场我们有没有可能进去，对我们来说并不重要，因为没有美国市场我们也是世界第一，我们没有迫切需要美国市场这个概念。
>
> ——任正非

1997 年，任正非去美国考察了著名的 IBM 公司后，回国曾意气风发地写下一篇文章《我们向美国人民学习什么》，他在文章中指出："中国在从事高科技的产业上要多向美国人民学习，学习他们的创新精神与创新机制，在软件技术革命层出不穷的今天，我们始终充满追赶的机会。"

任正非一直以来都有向强者学习的战略性思想，无论是步步战胜各大电信巨擘，还是要把华为推向国际，并走到国际的前沿，他始终都在努力带领华为往更高处奔跑。

2000 年，华为把 STM64 光传输系统成功应用到德国后不久，又拉开了在法国拓展市场的序幕。而华为真正在美国硅谷建立自己的第一个芯片研究所是在 2002 年，目的就在于专门研发适应美国市场的产品，并将最强的对手了解通透。

华为进入美国市场没多久，就以低成本、高端产品、核心技术冲击了美国市场，成为思科的"第四代对手"。感受到威胁的思科，立即将华为锁定为重要竞争对手，并专门成立了"BEAT HUAWEI"团队，对华为的营销和产品都进行详细的了解和分析。同时，思科还针对中国市场同类型产品的整体价格平均水平，专门降价 15%，当时市场上流行一句玩笑话，业内把思科的广告宣传语"思科在你身边，世界由此改变"，转变为了"华为在你身边，思科由此改变"。

2001 年，尽管华为在美国市场上的路由器销售当时仅为 18 台，但思科却大动干戈。中国高科技的崛起，逐渐引起美国的"重视"。在正面竞争完全占不了绝对优势的情况下，美国人的惯性思维就是"打压""制裁"。

2019 年 5 月，美国的"私欲"，或者更确切地说，是他们的"慌张"，让他们做出了令世界都为之不耻的事情：以莫须有的罪名，关押任正非的女儿孟晚舟，怀疑华为窃取知识产权，并由特朗普亲自对华为下达了封杀令。

在美国一系列残酷打压下，有些人呼吁，中国应对苹果采取制裁措施。针对这个问题，美国彭博社公布了采访任正非的视频，任正非的回答是："我们全家人一直都在使用苹果手机。既然苹果手机很好，为什么不用呢？不是说你爱国，就必须一定要买华为手机。这是不一样的概念。"

任正非认为：不能狭隘地认为爱华为，就是爱华为手机。他以一个企业家的胸襟正确对待爱国与竞争，能做到取长补短，既在竞争中包容，又在包容中竞争，只有这样，才能学到对手的长处，也才能让自身发展得更迅速。因为正视差距，才是前进的必要前提。

在回答彭博社记者提问时，任正非一如既往地彰显出他的企业家胸怀。他说："绝对不会，这是第一点。第二，如果发生这种情况，我将成为第一个反对的人。苹果是世界领先的企业，没有苹果就没有移动互联，没有苹果给我们展现这个世界，这个世界就没有真美。苹果是我的老师，在前面前进，作为一个学生，为什么要反对老师？我永远不会的。"

或许特朗普政府并不是不明白中国政府及中国企业家的胸怀，而是因为他们自身的担忧，才果断采取了一贯野蛮霸道的做法，他们怀疑华为帮助北京从事间谍行为，从而拓展中国成为国际超级大国的雄心。这既是美国政府的无端揣测，也是对华为技术的"侮辱"，对此，任正非不屑一顾，他说："那我是在偷美国明天的技术，美国都没有做出来，我去哪里偷美国的技术？更有可能是美国来偷我们的技术还差不多，因为我们目前是领先美国的。"

任正非还笑称，自己看过特朗普发的推特，自相矛盾，觉得十分搞笑。他很有自信地反驳道："美国从未买过我的东西，怎么跟我谈判啊，将来他想买还不一定卖给他。"

对于被封杀，任正非也同样表现得云淡风轻，他说："我们绝不会和美国人拼刺刀，我们的理想是为人类服务，不是为了赚钱，也不是为了消灭别人，大家能共同实现为人类服务，不是更好吗？"

任正非作为一名管理者，对于高科技的把握与关注，可以说一直走在时代的前沿，他的思想也是前卫的、宽阔的、毫无民族狭隘性的。他能站在时代的高度，去紧追科技领先的佼佼者，也能横下心来，拿出很高的报酬鼓励员工搞创新、搞科研建设。他很清楚，中美之间的差距还是有的，虽然我们在许多知识产权上的专利已经遥遥领先，但说到创新，中国人的差距仍然摆在那里。在一些原创性、前沿性上，我们的步伐还需要加快。

任正非曾经在很多场合谈及自己对美国的印象，他说："我最喜欢美国人的坦诚，美国人有啥都敢问。我从年轻时就比较亲美，至今我还是认为美国是很伟大的国家，因为它先进的制度、灵活的创新机制、明确清晰的财产权、对个人权利的尊重与保障等各方面，吸引了全世界的优秀人才，从而推动亿万人才在美国土地上投资和创新。没有美国这两百多年的开放，就没有美国从一个小国变成世界上最强大的国家。"

其实，早在1992年，任正非访美时就曾说过："美国的繁荣和富裕不是掠夺得来的，而是他们用很高的科技换取超额利润获得的，这就是等价交换。"他自认华为能走到今天，靠的就是这种向美国学习的"开放"哲学，撇除个人利益、华为利益、家族危机等因素，任正非曾经十分认可美国，他鼓励全体员工学习美国的先进性、创新力。在公司制度的构建上，也积极创新，可以说，曾经的任正非，真的很欣赏美国，也同样欣赏美国总统特朗普。

众所周知，特朗普上台后，在很短的时间内，就把税收降了下来。任正非对他的做法深表赞同，甚至为他竖起了大拇指。因为降低税收，就意味着促进和吸引投资，也有利于精简政府机构。

可朋友还没来得及做，美国却明显地意识到中国在崛起、中国的科技在崛起，这让他们慌张。随着特朗普言之昭昭的"封杀令"，华为被美国列入了管制名单，尤其芯片软件业的大决战一触而发。紧接着，谷歌等公司也宣布停止对华为的诸多服务，美国甚至努力让一些主要盟友禁用华为的设备，实现对它的围剿。这种政商合体的赤裸裸打压，让任正非对特朗普彻底失去了好感，白手起家的任正非早已身经百战，他能在艰难的环境中生存下来，也必定能打好反击美国的这一仗。

面对特朗普赶尽杀绝的姿态，任正非略带不屑地说："美国政客的做法，低估了我们的力量。华为已经做好了准备。"

无论这场战役的结局如何，从目前来看，任正非的一段话是十分值得玩味的："对于一个如此强大的国家来说，害怕像我们这样的小公司，其他国家会说，'你们的产品太好了，连美国政府都怕，我们不测试你们的产品了，我们将直接买'。这就是拥有丰富石油储量的那些财力雄厚的国家从我们这里购买（产品）的原因。他们大量购买我们的产品，正是因为美国政府在为我们打广告。"

特朗普施压英国打压华为，美国盟友纷纷倒戈

> 即使美国跟其他供应商不向华为出售芯片，华为也没问题，因为我们已经做好了准备！
>
> ——任正非

2019年4月12日，美国时任总统特朗普在5G部署活动演讲中发表了一段话："5G竞赛已经开始有人走在我们前面了。我们不能允许其他国家在这个未来重要工业领域超过美国。"紧接着，特朗普不惜举全国之力封杀华为。

一个月后，任正非正式做出回应，在接受美国记者采访时，不仅给了特朗普一个正面回击和打脸的说法，还彰显了自己的自信与底气。任正非说："即使美国跟其他供应商不向华为出售芯片，华为也没问题，因为我们已经做好了准备！"

2019年5月15日，特朗普签署总统令，宣布美国进入国家紧急状态，给予美国企业更多的权利去禁止"威胁美国国家安全"的华为设备；随后更是将华为列入威胁美国安全的实体名单，禁止华为从美国企业那里购买技术或配件。

华为也很快做出应战：宣布启用"备胎"计划。同时，华为相关驻外人员回应称，因种种原因，华为在美国几乎没

有业务，但美国不代表全部，在世界其他国家，华为将继续与业界伙伴合作，提供更好的服务。

华为员工更是表现出了同仇敌忾、背水一战的团结与决心，不少已经退休的老员工公开表示说："做好三年不拿分红的打算，如果公司需要自己这把老骨头，可以再为公司干三年不要工资！"

任正非掷地有声地告诉全世界："美国不可能杀掉华为！"正是背靠 18 万华为员工的支持，任正非才有这样的底气。一路走来，华为从来不是靠花拳绣腿，而是切切实实的硬技术。这条血路拼杀到今天，华为所有员工都为此付出了巨大的努力，它怎会被美国的一声野蛮嚎叫所吓倒？

而这场由美国带头发起的没有硝烟的战争，在不到两个月的时间里，很快就土崩瓦解了。

"反华为联盟"出现松动，首先表现在英国的"倒戈"上。紧接着，德国、新西兰等国家也转变态度，纷纷表示不会禁止华为参与 5G 竞争。就连美国引以为豪的巨头企业谷歌，也在特朗普政府联合盟友打压华为之际，采取了悄悄合作的姿态。

美国彭博社认为，华为打造 Track AI 这款产品时，采用了谷歌的一套人工智能软件工具 Tensor Flow，这说明谷歌数十年来对与华为等中国巨头建立商业关系的渴求没有变。

除谷歌外，一些耳熟能详的企业，诸如英特尔、高通、博通、美光、思佳讯、科尔沃、西林克斯和新飞通等，都是华为在美国的重要供应商。据统计，华为的这些核心供应商，在美国就有 33 家。还有更多不可计数的美国中小型企业，这些企业基本都是靠华为的订单在存活。特朗普的做法无疑是狠狠地捅了自己人一刀。

而英国时任首相特蕾莎·梅的强硬表态，则直接给了特朗普一记重拳。就在特朗普访英的第二天，针对他要求英国禁止参与华为 5G 问题的说法时，梅首相正面提出反对意见。

英国泰晤士报报道，特朗普以"与华为合作，则意味着美国可能会停止与英国分享情报信息"为施压理由，但梅首相则非常强悍地一口回绝："英国的利益与中国相交织。"

针对特朗普的发飙，特蕾莎·梅也没有做出任何回应，而是强调说："无须道歉！我们两国之间的情报合作需要安全性极高的通信渠道，而不会使用公共网络，任何会降低通信安全的决定我们都决不允许。"英国用实际行动实实在在打了特朗普的脸！

在接受 BBC 电视台采访时，特蕾莎·梅异常镇定自若地说，英国应根据国家的利益做出决定。显而易见，华为已经成为英国值得依赖的利益所在。

只能说，科技大战，靠得从来都是硬实力。英国的"识时务"，等于直接向全世界认可了中国华为的科技实力。

2019 年 5 月 30 日，英国电信主要运营商 EE 公司在英国六个城市开通 5G 服务，英国 EE 公司首席执政官马克·阿莱拉在接受英国媒体采访时说："在遍布英国的电信网络的基础设备中，华为的设备是最重要的组成部分，我们使用的是华为设备。"

英国广播公司 BBC 更是使用 5G 网络直播了节目，并在伦敦派出了三组报道团队，抢先进行了英国国内首次 5G 新闻直播。这场全球直播的画面，简直震撼了世界各国：信号传输均值为 630MBPS，信号传输峰值最高 980MBPS。一秒钟 980M 的传输神速，完全吊打美国、瑞典、日本、韩国等全球所有的 5G 网络，让观众叹为观止！

英国 BBC 电视台 61 岁的记者 Rory Cellan-Jones 为了让民众感受 5G 的强大与稳定，他在直播的镜头前直接摇头晃脑，为网友展示 5G。在直播结束后，更是激动地在个人社交媒体账号分享了直播的幕后花絮，他将镜头对准了华为的设备，并说道："就是它，能够支持我们进行全英首次 5G 电视直播！"

BBC 记者 Chris Fox 更在推特上发言："感谢 5G，感谢华为，让英国 5G 移动网络正式起航！"

可以说，这一刻，世界人民头脑清醒，他们分得清何谓强大，何谓野蛮。身在华为的每个中国人都是倍感自豪的。华为有防弹衣，所以不怕遭遇不测；有自己的生存利器，所以不怕无立足之地。野蛮打压竞争对手，只是特朗普政府对自身实力的自卑心理在作祟，它只能凸显当事人的内心狭隘与自私。

让华为拥有绝对实力的背后掌门人任正非，在几十年沧桑岁月中，早就灵活应用了一个再普遍不过的道理：人有远虑，才无近忧。华为公司经常做反思、自我批判，时刻都在奋力前行。他们清楚地意识到，故步自封与骄傲跋扈，迟早会害了自己、便宜了别人，唯有马不停蹄地抢占科技高地，才能让自己不鸣则已，一鸣惊人。

可以说，正是任正非的高瞻远瞩，胸怀大格局，才能让华为在突遭祸患时安然无恙。他以仅仅持股 1.4% 的股权数却能让华为立于世界不败之地，彰显的何止是一个普通企业家的胸怀？

任正非的"狠"有目共睹——当年利比亚战争时，在开战的前两天，任正非还留在利比亚不走，他对员工说："我若贪生怕死，何来让你英勇奋斗？"

是啊，如果没有这样一位好老总，员工又哪来的斗志？如果华为没有硬实力，又何以让特朗普举全国之力去封杀？

围堵华为出现裂痕，特朗普的强权政治失去魔力，如意算盘也已落空，"美国之音"对此评论道："就在特朗普对华为发出缓和信号的同时，美国国务卿蓬佩奥却仍在警告盟国，美国将不会与使用华为设备的国家分享情报，也不会与这些国家合作。"但一些迹象显示，美国游说盟友不要使用华为产品和技术的行动正遭遇挫折。2019年2月初的时候，美国媒体就曾广泛预测到，特朗普会在2月25日的世界移动通信大会前签署行政命令，以安全为由全面禁止中国电信设备进入美国移动通信网络。

与此同时，更加令人振奋的消息传来了。据俄罗斯卫星通讯社2019年5月31日报道，迪拜的一家公司与华为签署了一份超大规模的5G合同，合同金额接近500亿元！

2018年，华为年收入突破1000亿美元，而2019年这一单，就已经达到去年年收入的一半，这份合约的分量可以说是相当大了。这对华为而言，绝不仅仅是一份经济收入。

这份协议并非简单的采购单，而是关于未来五年迪拜网络建设工程的大订单。据悉，迪拜决心建设一个世界领先的5G项目，现任首席执政官阿勒马克图姆花费了大量资金进行调查，发现华为的产品远远领先于世界，因此，他们决心与华为合作。

迪拜相关部门负责人也表示，迪拜将与华为深入合作，共同打造5G智慧型城市，并在未来五年内投资70亿美元用来铺设5G网络。

值得一提的是，迪拜为了庆祝华为在未来五年内为迪拜电视网打造全球领先的5G项目，国王决定在世界第一高塔哈利法塔（高828米，共162层）免费为华为投放广告。

迪拜国王还命令周围所有的建筑在外墙上都安装黑灯，以突出华为制作的广告。可以说，迪拜皇室赠送的绝对是一份大礼！

值得一提的是，这座迪拜第一高楼，竟是十年前三星帮忙建设的。而十年后的今天，迪拜却用它来为华为免费打广告。这样的待遇，绝非任何一个品牌可以轻易得到，而华为的5G技术，却用自己响当当的实力，让自己站到了世界的制高点。

迪拜是中东最富有的城市，毫无疑问将在中东产生示范效应。紧接着，沙特阿拉伯、科威特等国家的多个运营商，也都在5G领域选择与华为合作。华为一举在中东签下了6个5G合同。

截至2019年6月10日，华为已经与全球其他国家（英国、迪拜、印度、芬兰、葡萄牙等）先后签署了40多份5G合同，5G的网络设备发货量也超过了10万套。华为用它的实力赢得了世界的掌声和敬畏。

第六章

任正非的

真性情

华为副总裁，你可以离婚

这样的老婆你要她干吗？干脆离婚得了！

——任正非

　　有人说，无论从提升自身能力，还是从与公司携手发展的角度来看，加班都是员工从稚嫩走向成熟的必经之路。华为几十年的奋斗历程中，也的确验证了这一事实。任正非更是以身作则，高血压、糖尿病、常年不能回家探望父母，为华为牺牲了太多太多。在华为，你必须先是一个"华为人"，其次才是一个父亲、丈夫、儿子等。华为人永远把企业利益放在家庭之上。

　　基于此，2016年华为副总裁李玉琢因身体原因，先后三次提出辞职申请，才最终被任正非气哄哄地许可。这在当年他的博客上有所记载。

　　李玉琢在文章中称，他一直都是很敬重任总的——他为了工作，不顾家庭，是个工作狂，但他自己不是，他认为任总不能用自己的方式来要求他，毕竟人与人不同。

　　李玉琢的人生观很简单，一个人努力和拼搏，无外乎就是让自己和家人过上好日子，过得舒服一点。假如必须得因此而拼出一身病，那他是不能接受的。为了工作损失身体健康，还有可能损害生命，这是不值得的。在他得了冠心病后，他更不想再过着加班加点的辛苦生活了。

自然，李玉琢的人生观没什么错误，大部分人也都认可。可没有拼搏，又哪来幸福？李玉琢的辞职理由自然不能让任正非接受，作为华为公司唯一一个从外边入职的副总裁，他的辞职，或多或少地会对华为产生一些影响。任正非因为担心公司，一而再，再而三地劝他留下来。

李玉琢的离职因此一波三折。前两份辞职申请石沉大海，任正非没有过问。第三次，任正非才让秘书叫他过去。

当他过去时，任正非还在批文件，便先让另一个副总跟他聊聊，话题切入点是：他是不是受了什么委屈。在人性化的对谈中，李玉琢的辞职态度非常坚定，他给出的理由是，身体不好，想回家休息。

任正非批阅完文件过来，开门见山地说："你辞职，是对华为，还是对我个人有什么看法吗？你可以说出来。"

任正非绝非是做做样子，他是真的想挽留人才，避免公司造成不必要的人才损失，同时，也是他个人对人才的礼遇。

但李玉琢回答说，他对公司及任总都没什么意见，仅仅是因为身体的原因，想回家修养，他担心哪天死掉了都没人知道。

任正非张口便说了句："假话，我不听！"转身离开，又派另一个副总裁继续同他谈心。

所谓"志不同道不合""话不投机半句多"，说得越多，就显得废话越多。任正非终于走过来，还是尽力挽留，他说：

"你要是觉得总部不合适，可以换个工作环境，怎么样都可以商量。"又说要将他拉入一个高手群，那里面都是一些行业的高手，如创业高手、销售高手等。"我们的公司发展得很好嘛。"他最终说。

可以想象，任正非在说这些话时，内心对于事业的追求是多么激情澎湃，丝毫也没因个人身体原因而有所倦怠。这也是一位创业者与从业者在心态上最起码的区别吧。

但作为员工，李玉琢已经得到了太多，余下的时间当然是回家养病，与家人过着团团圆圆的日子，这也无可厚非。

在任正非将李玉琢的人品及工作能力做了一顿夸奖后，李玉琢仍然坚定地要求辞职："感谢任总对我的挽留，但我不想拖累华为，我家人不在身边，我很想家。"

想家的成功男人，其实是万千女人心目中最好的男人吧。可站在任正非的立场上，大概就有些不同了。他说："你可以让你家人过来呀！"

这样的建议，其实也无可厚非。事实上，有多少年轻人都在践行这种"夫唱妇随"的生活方式，只要是为了爱情，怎么样不都可以吗？

但李玉琢表示自己的老婆在深圳住得很不习惯，又回北京去了。此时的任正非忍无可忍，终于爆出了一句让人听起来感到毫无人情味的话："这样的老婆你要她干吗？干脆离婚得了！"

听到这样的话，李玉琢非常生气，太太辛苦照顾父母、孩子，她有什么错呢？其实，这也是再正常不过的要求了。

一个为企业，一个为家庭，最终只能一拍两散。

网上对于这件事有一些描述，大部分文字剑指任正非，大多有批判的意味，但实际这件事到此还未彻底结束，接下来的发展，才真正体现出华为与其他公司的与众不同之处，也彰显了任正非的胸襟和气魄。

就在任正非允许李玉琢回家养病，也就是间接同意他辞职之后的第二天，李玉琢离开了公司，并且为了以防万一，特意留给了公司一封辞职报告。在他离开之后，华为也一直未曾真正在他的辞职书上签字。

2016年12月，任正非又派郑宝用专门去北京请他在燕山大酒店吃了一顿，请他回华为。

12月底，副总裁王诚又奉命来京请李玉琢吃饭，并专门"道歉"，表示在对他的工作安排上做得不对，希望他不要计较，回去上班。

没过几天，董事长孙亚芳又突然给李玉琢打电话，说在北京开会，想见一面。一见面，她没有半句拐弯抹角，直截了当地说道："受任总之托，见你一面，想请你回华为。"

接二连三地"请求"都被李玉琢拒绝了，起初，他认为这是任正非在搞拖延战术，目的是害怕他投靠别家，后来拖到2000年元旦，任正非才让孙亚芳在他的辞职书上签字，而这个日子，却是任正非"有意为之"的。

原来，华为公司有规定，在当年的12月31日之前离职的员工，都不能发上一年的奖金。

如果在这之前，任正非就签字同意李玉琢的离职，则华为会省下来一大笔奖金，而李玉琢自然也拿不到属于他的年终奖。这在很多单位，可能再正常不过了，老板面对员工辞职，肯定气急败坏，别说用心良苦给你发奖金，就是巴不得你赶紧滚蛋，甚至因彻底分道扬镳、成为仇人的也大有人在。所谓分手见人品，任正非的人性化管理，在这个事情上体现得淋漓尽致。

拿到年终奖后，李玉琢才恍然大悟，他也感到异常意外：拿到了整整200万元奖金！是他在华为拿过的最多的一次。

这件事让李玉琢对任正非原先的"误会""怨念"彻底改观，他也由衷地感激、佩服任正非。杰克·韦尔奇曾说过："年终奖，既是衡量员工个人价值的最好标准，也是公司对其一年业绩的肯定，同时，也是一家公司实力与格局的体现。"

任正非的格局，就体现于此。

次年四五月份的时候，令李玉琢再次惊讶的是，付恒科又过来找他，对他说："来之前见过任总，他托我来见见你，如果你在外面干得不合适，还可以回华为。"

如此三番五次，试问哪个员工不会动容？俗话说，"千里马常有，而伯乐不常有"，能在华为工作，何愁遇不到伯乐？

在接下来的五六年中，李玉琢对任正非更是感激不尽。

2005年3月，在李玉琢离开华为五年之后，任正非再次托人带话给他："任总说了，你要回来的话，可以做政府和使馆的公关工作。"

1995年，李玉琢到华为报到，2000年辞职，短短五年干到了副总裁，可以说，这样大跃进式的成长，与任正非的慧眼识珠是分不开的。任正非总能想到一些旁人想象不到的问题，他下达的公司发展命令，几乎都是正确的。也正因为如此，李玉琢跟着任正非的指令走的这几年，是他成长和发展最快的几年。

在这短短几年，李玉琢见识到了任正非的魄力，他行险招，投资莫贝克，每年给投资者33%的回报。负担何其之重，却言必信，行必果，三年分红全部兑现。这让很多合作的运营商都对华为竖起大拇指，说华为讲信用，是他们信赖的合作根基。

李玉琢接手时的莫贝克只是华为旗下一个无足轻重的寄生企业，每年给股东的分红根本拿不出，都是靠华为拨款。这种情况下，任正非却给李玉琢定下把莫贝克办成通信电源行业"中国第一"的目标，也正是这样的器重与激励，推动着李玉琢不断地向前努力。

过了仅仅一年，在1996年2月的一次干部会议上，任正非就改变了说法，他要把莫贝克做成"亚洲第一"。李玉琢问任正非："不是说'中国第一'吗？"任正非反问一句："我说过成为'中国第一'的话吗？"

这就是任正非的风格，他的"野心"永远在无形之中推动着华为向更高的层次发展。

李玉琢回顾说，任正非是个"严重以自我为中心的人"，正因为他的这种"自我"，他突然冒出来的想法和主意，总让人感到措手不及，所以他给人的印象永远是"严厉"，但跟他在一起，也养成了随时"防备他的突袭"的习惯，其实，这在潜移默化中，就是一种成长。

这样严厉得让人有些畏惧的任总，难道对家庭就没有爱吗？自然不是。

李玉琢在回忆中提到，他曾去任正非家里开会，由于提前到了，当时任总正接儿子的电话，电话这头，是一位与平时说话语气大不相同极其温柔的男人。显而易见，任正非对于事业的追求和重视，要远多于家庭。他为了华为，宁愿牺牲健康。

这也是做企业的不易，没有这份担当，又何谈成功？有人说，天才与疯子之间只有一步之遥。

李玉琢望着面前的任总，高大威严，满脸胡茬，说起话来滔滔不绝，时不时能说出出人意料的话语来，平时却又不爱理人，心里感慨万千。在他内心深处，他是不认同华为的加班文化的，同几乎所有人一样，人们追求的事业，必须以健康为前提，健康才是人最大的本钱。如果工作不能给人带来健康，也就等于失去了人生的幸福，也就变得没有意义。

同样，这句话又从侧面反映出任正非对于公司的付出，废寝忘食、忘我工作，以公司为家、艰苦奋斗……

其实，每个人的追求不尽相同，忙与不忙，最终要看的，还是个人的追求。忙，要有忙的意义，忙得值得，才是最重要的。

三次婚姻，女儿都不姓任

> 我这辈子很对不起的就是小孩。小孩很小的时候我就去当兵了，11个月才能回一次家……和小孩的沟通很少，也没有建立起感情，感觉很亏欠他们……小孩对自己要求很高，自己成长起来的……
>
> ——任正非

2019年，随着任正非打破以往拒不接受媒体采访的惯例，任正非的高调亮相也为他个人带来了足够多的话题度，其中不乏很多人对他的婚姻与家庭产生了浓厚的探索欲望。其实，这也合情合理，毕竟无论多么成功的人，在婚姻与家庭面前，他都有其"另外"的一面。

如同华为跌宕起伏的成长经历一样，任正非的婚姻与家庭之路也并不是一帆风顺。他先后经历了三次婚姻，拥有三个儿女。第一任妻子名叫孟军，给他生下了华为的大公主孟晚舟，以及唯一的儿子任平；第二任妻子名叫姚凌，给他生下了二公主姚安娜，是一名哈佛大学的学霸，外貌也十分漂亮，从小就擅长芭蕾舞；而第三任太太是80后四川美女苏薇，是成都电子科大的硕士，与任正非目前还没有子女，但负责照顾任正非的生活起居。

在三任太太中，苏薇最为神秘，网上甚至连她的照片都找不到，关于她与任正非是如何相识相爱的，也很少有人知道。相对而言，第一任与第二任太太的话题度则较高一些，其中尤以第一任太太孟军最为引人注目。

提起孟军，任正非是这样形容的："我的前妻，她曾是很叱咤风云的人物。我是一个逍遥派，别人给我们两个介绍，她能看上我，我是很不理解的。她是天上飞的白天鹅，我是地下的癞蛤蟆，我除了学习成绩好，家庭啥都不好，走了二十年以后，她就跟我分开了。后来我跟现任太太结婚以后，办结婚证，还有给小孩办出生证，都是我前妻帮忙的，我前妻跟我的关系很融洽……"

的确，任正非的第一次婚姻，是妥妥的穷小子逆袭迎娶了白富美，这跟小说、影视剧真的分毫无差！

任正非出生在贵州省安顺市镇宁县一个山区小村庄，兄妹七人，父母都是非常普通的人，一家九口人的日子过得上顿没有下顿，非常艰苦。父亲还曾在"文革"期间受到迫害，导致任正非当时虽在部队多次立功，但屡次申请入党都没有通过。

而孟军不同，她的父亲是当年四川省的副省长孟东波。这样的家庭背景，在任正非看来，简直是天壤之别。以至于在他同孟军结婚之后，很多人自然而然地就把他想象为"入赘"。

1982年部队大裁军，任正非退伍后随着孟军来到深圳，孟军做了深圳南油集团的高管，而任正非则成了下属一家电子厂的领导。

虽说都是领导级人物，但他们却吃了很多苦。据后来孟晚舟回忆，当时的深圳改革开放不久，条件还非常艰苦，任正非与孟军都是住在漏雨的房子里，屋内四面透风，连隔壁邻居说的话都听得一清二楚。

搬到深圳没多久，任正非就把女儿孟晚舟及儿子任平都接了过去。到了孟晚舟读中学之际，为了不影响她学习，他们又把她送到了贵州的爷爷奶奶家。

前文已经有所介绍，在44岁那年，背负200万元巨债，人生面临"四面楚歌"之际，任正非开始了无比艰辛的创业之路。离婚后的他"一无所有"，只有拼尽全力创事业。经过一番艰苦探索，任正非逐渐又实现了人生的华丽逆转。

在华为不断壮大后，任正非迎娶了一直陪伴在他身边的秘书姚凌，后来二女儿姚安娜出生了。而在这个过程中，前任孟军与现任姚凌却一直能友好相处，尽力帮忙，甚至成了好朋友，表现出了女人间的难得大度。这让任正非也感到意外，或许对他来说，除了庆幸，更多的还有压力。任正非形容为"妒忌、吃醋"。

不过，最终任正非还是与姚凌分开了，取而代之的是年轻貌美的姑娘苏薇。据传姚凌得知后，性子比较温婉的她，选择眼不见为净，带着小女儿搬去了上海。

我们只能从这些传闻中感慨一二：感情这种事，只有当事人最明白，外人都只是"雾里看花""水中望月"。只能说，不论多么成功而伟岸的男人，在感情这笔花心账上，总难逃令人一声叹息的命运。毕竟，人无完人。而男人的成就越大，往往他的魅力值也就越大，感情这叶小舟，自然也就更加跌宕起伏了。

对于负面的新闻，任正非的一贯做法都是不理。他曾说，华为不是上市公司，不需要对媒体负责。其实这句话从另一个侧面来分析，也正体现了任正非的真性情：从受尽非议中挺过来，不论怎样，都专注目标、坚韧不拔、默默付出、埋头苦干，直至成功。

有一点让很多人不解，就是为什么任正非的女儿不姓任，而都选择母姓呢？在 2019 年 5 月 21 日的中央电视台、人民日报、网易科技、环球时报、澎湃新闻、观察者网等国内多家媒体 150 分钟的群访中，任正非是这么回答的：

> 其实我这辈子很对不起小孩，我大的两个小孩，在他们小时候，我就当兵去了，11 个月才能回一次家。我回家的时候，他们白天上学，晚上做作业，然后睡觉，第二天一早又上学去了。
>
> 其实我们没有什么沟通，没有建立起什么感情。小女儿其实也很艰难，因为那时我们公司还在垂死挣扎之中，我基本十几个小时都在公司，要么就在出差，几个月不回家。
>
> 当时为了打开国际市场，我在国外一待就是几个月，小孩基本上很少有往来，很亏欠他们。其实小孩们都是靠自己的努力，自己对自己要求很高。

在采访中，任正非不止一次地说，他希望女儿能自由地飞翔。或许也正是由于愧疚，所以，女儿选择母姓，在任正非看来，也是理所当然的吧。

女儿孟晚舟被捕

> 儿女大了，他们成长太顺利了，受点磨难应该是好的……没有伤痕累累，哪能皮糙肉厚，英雄自古多磨难。我认为这个磨难对她本人也是巨大的财富。经历这些困难，有利于让她意志更加坚强，成长更加有利，就让她继续煎熬吧。
>
> ——任正非

2018 年 12 月 1 日，孟晚舟在温哥华被捕，加方给出的理由是，华为涉嫌违反美国对伊朗的贸易制裁规定。

相关人士分析，这是加拿大政府受美国指使，美国应该是早就着手这次行动，收集了一些所谓的"证据"后，才动手抓人的。而这次事件源于中兴文件透露华为在与伊朗做生意的说法。华为一直拒绝这种说法，华为是与别的公司做生意，别家公司又和伊朗做生意，而华为并不知情。

早在该事件发生半年之前，美国的一些强硬派就主张搞华为，以及搞死一些中国高科技公司，京东刘强东去了一趟美国被人"下套"，回来后"浑身污垢"，京东股价大跌，大幅裁员，一系列福利待遇调整，已然不复当年。孟晚舟事件也是无稽之谈，盛传有联邦前执法官员透露，早在奥巴马执政时起，就尤为关注中国企业在美国的动向，那时反间谍特工和联邦检察官可能已经开始有针对性地对华为高层领导进行调查了。

细思极恐。美国明目张胆地有意针对中国，无非就是因为中国已经慢慢崛起，中国的某些高科技已领先于美国，美国畏惧被人赶超，只能蓄谋陷害，让中国的企业名誉受损，以此削弱中国在国际上的影响力，达到他们不可告人的目的。

12月5日，美国主动要求引渡孟晚舟，由于事件的持续发酵，引起世界各国的关注，加拿大法院迫于压力，决定于当地时间7日在加拿大举行保释听证会。次日，我国外交部发言人耿爽明确表示，已向美国和加拿大表明了严正的立场，要求他们立即释放孟晚舟。

12月8日，外交部副部长乐玉成对这一事件继续向加拿大政府施压，就孟晚舟被拘押之事向加拿大驻华大使麦家廉提出严正交涉和强烈抗议，指出加拿大应美方要求迫害中国公民，严重侵犯了中国公民的合法正当权益，性质极其恶劣。

众所周知，孟晚舟为任正非大女儿，在华为被亲切称为"大公主"，现任华为副董事长、首席财务官、财务管理部总裁。在此次听证会上，孟晚舟律师团指出，加拿大对孟晚舟的扣押是非法的，美国要求引渡更是没有根据的行为；美国总统特朗普有关孟晚舟案件的言论表明，美国怀有明确的政治目的。

华为也火速发表声明：华为一直相信孟晚舟是清白的，美国抓孟晚舟可能是一种政治阴谋，希望通过孟晚舟而打击华为，威胁中国政府，从而获取利益。

2018 年 12 月 11 日，当地时间 12 月 10 日上午 10 点，加拿大不列颠哥伦比亚法庭对孟晚舟的保释听证会重新举行，当天的听证会在该法院警戒等级最高的 20 厅进行，此次保释听证会依然没有得出结论，法官表示 11 日继续举行。

11 日下午 3 点，该法院宣布，允许孟晚舟获得保释，值得一提的是，加拿大法官在声明中表示，逮捕孟晚舟是基于美国的要求，但是美国方面尚未对孟女士正式提出引渡要求。法官给美国向加拿大提出引渡要求的期限是 60 天。考虑到孟晚舟在中国和其他地方都没有刑事犯罪记录，以及目前存在健康问题，加上她本人目前愿意居住在温哥华等一些情况，决定同意她保释。当日，加拿大华人也纷纷到温哥华法庭外声援孟晚舟。

多年不愿接受媒体采访的任正非，此后罕见地接受了中外记者的诸多采访。在谈到孟晚舟事件时，任正非表示，之所以这样做，是为了向外界传递一个信心，华为早在十年前就有预测，已经准备了十多年，这些问题会影响到华为，但影响不大。华为 2019 年的增速可能会放缓，但华为并不认为遭受到了多大困难，相反，华为内部却是群情激昂的。

其实，当天孟晚舟本来是要同任正非一起去阿根廷开一个会议的，孟晚舟来做主持，但很不幸，她被拘留了。这件事突如其来，出乎所有人预料，但任正非也坚信，孟晚舟没有做违法的事情，他与孟晚舟打电话也仅限于讲讲笑话，女儿很坚强。

任正非说："儿女长大了，他们成长太顺利了，受点磨难应该是好的。没有伤痕累累，哪有皮糙肉厚，英雄自古多磨难。我认为这个磨难对她本人也是巨大的财富。经历这些困难，有利于让她意志更加坚强，成长更加有利，就让她继续煎熬吧。"可怜天下父母心！

孟晚舟被拘押后，华为上下出谋划策，面对美国蓄意的政治打压，更是扛起了法律武器来维护自身的利益，不做沉默的羔羊。

华为团队多次声明：第一，美国对孟晚舟的指控，在加拿大法律下并不构成犯罪，引渡申请并不符合加拿大《引渡法》的核心原则；第二，美国政府提交的材料不充分，对孟晚舟的指控不能成立；第三，加拿大的执法存在严重的程序滥用，孟晚舟的宪法权利受到侵害。孟晚舟应立即被释放。

与此同时，中国外交部发言人陆慷也明确指出，孟晚舟事件，世人都看得清楚，是一起通过不正当手段威胁他国企业、打压竞争对手、干扰市场环境、阻挠科技产业合作的极为恶劣的政治事件。

在中方及华为的多次严正声明下，加拿大驻美大使大卫·麦克诺顿似乎有些"急"了，他的"幽怨"也成为了笑料："加方很不满加拿大公民'被惩罚'，美国才是强烈要求执法的一方，但付出代价的却是我们。"

加拿大外交部长弗里兰在接受彭博社记者采访时，就"怎样才能撤销引渡程序"回应称："这取决于美国人。"

只能说，加拿大实在是怂，孟晚舟在加拿大被捕，加拿大有自身的裁量权，可根据加拿大的《引渡法》立即终止引渡程序，并释放没有违反加拿大法律的孟晚舟。但将自身主权全权交给美国处裁，加拿大的"推卸"简直毫无诚意可言，更多的是一种"不负责任"。

据美国驻渥太华大使馆前经济顾问、华盛顿威尔逊中心加拿大研究所主任劳拉·道森所说："如今华盛顿已经将加拿大晾在一边儿，特朗普已明确表示，旧联盟不再那么重要，他偏爱单打独斗，不尊重传统联盟，对此他毫不掩饰。"

美国《华盛顿邮报》亦发文称："起诉华为高管是遏制中国的愚蠢方式。"该文详细说道，由于经济实力占据绝对主导地位，美国一直以来都将执法作为实现本国政策目的的诸多手段之一。换言之，将政治问题法律化，用法律体系"整倒"对手，是美国的拿手好戏。这次在孟晚舟事件中出现的"长臂管辖"，就是美国"管天管地管空气"的"不二法宝"。长期以来，依靠这个"法宝"，美国肆意将国内法外溢，给美国看不顺眼的外国企业制造了无数麻烦。"长臂管辖"，无非是霸权主义、强权政治在法律领域的体现。

仔细回顾一下，在美国的历史上，披着文明外衣去干霸权主义勾当的事还少吗？前有以伊拉克生产"大规模杀伤性武器"为由，绞杀萨达姆，摆出一副"替天行道"的模样，如今，旧戏重演，滥用法律武器实施对孟晚舟的强行关押与引渡要求，实在令人不耻。

孟晚舟被拘押不久，就被戴上了手铐和脚链，在完全没有确凿证据的情况下，对一个无辜的他国公民实施侮辱人格的举动，实在是毫无人道可言。在这样无底线的操作下，美国及加拿大的人道主义已然丧失殆尽，也无怪乎美国媒体连自己的总统都要强烈抨击了。

孟晚舟的安危牵系着万千国人的心，虽然贵为华为大公主，但她在华为的起步，却是从前台小妹开始的。在最初的几年，她先后负责接待、打印文件、总机转接等零碎的工作，却毫无怨言，更无人知晓她与任正非的关系。她聪明伶俐，能吃苦，为人也随和热情，毫无架子。就是在这种被人喜爱与推崇下一步步走上领导者的岗位，她是像她父亲一样吃过苦的人，因此，即使戴着电子脚镣，她依然能淡定微笑着面对这份屈辱与刁难，相信她一定可以凭借顽强的毅力，战胜命运中这份蓄谋已久的不公。正如撒切尔夫人说："从政是因为有正邪之争，而我坚信邪不胜正。"

只做实业，不碰房地产

> 高成本最终会摧毁你的竞争力。而且现在有了高铁、网络、高速公路，活力分布的时代已经形成了，但不会聚集在高成本的地方。深圳的房地产太多了，没有大块的工业用地了。大家知道大工业的发展，每一个公司都需要一定的空间发展。工业现代化最主要的，要有土地来换取工业的成长。现在土地越来越少，越来越贵，产业成长的可能空间就会越来越小。这些人要有住房，要有生活设施。生活设施太贵了，企业就承载不起。生产成本太高了，工业就发展不起来。
>
> ——任正非

2002 年，深圳的一位市民在网上发了一篇题为"深圳，你被谁抛弃？"的帖子引起强烈反响，舆论不绝于耳，直至事件扯到华为身上，貌似才找到了根本性答案。

原来，华为已经逐渐从深圳"迁徙"。深圳官方开始感到前所未有的危机，内部报道称华为产值占龙岗区规模以上工业总产值的 47% 以上，比全区水平高出 25%，如果华为离开，规模以上工业总产值将下降 14.3%。深圳相关政府部门开始有意挽留华为，然而，这依然留不住华为离开深圳的步伐。

众所周知，华为从创业伊始就选择在深圳，离开自己扎根的这片土地，对华为来说，其实也是迫不得已。2012年，华为在松山湖注册了华为终端有限公司。到2015年，华为终端已经成为东莞营收和纳税的第一大户。

随着华为研发部门的搬迁，使得给华为提供餐饮服务的相关公司的营业额急骤下降，就餐人数从13万多锐减到10万多。被惊动了的政府人员赶紧前去调研，结果发现，华为留在深圳的人明显减少。

是什么原因让华为放弃了深圳？原来罪魁祸首就是房地产。2009年，深圳龙岗区政府表示愿意帮华为解决周边配套及环境问题，并由华为出资200亿元，政府投资110亿元共同打造深圳华为科技城。但随着项目的开展，涌入的却是诸多商业及住宅开发商，原先所说的华为国际会展中心、华为控股全球总部等，纷纷不见。

最让华为感到难以忍受的是，这些楼盘几乎都打着华为的标签，有些已经卖出去了，对外宣称给华为的地块却连旧改都没完成。2015年5月，华为终于忍无可忍，做出澄清："'华为科技城'与华为没有任何关系，华为既不购买也不投资，该名下所有物业均与华为无关。未经华为许可而以华为名义进行城市区域命名或房地产开发，是对华为的侵犯，我们已致函政府相关部门，希望停止使用'华为科技城'这个名称。"

面对侵权，华为差点拿起法律的武器。最终，在它的强烈要求下，"华为科技城"改名为"坂雪岗科技城"。

现如今，很多企业都在大搞房地产，曾在公开场合屡次说未来房地产如同白菜价的马云，也在香港等各大城市投巨资买房……随着北上广等大城市的炒房者越来越多，从中牟取暴利的人也越来越多。华为始终朝着更远大的理想前进，不会因暂时的利益牵扯而改变初心。

可以说，如果华为投资房地产，也一定会大赚特赚。曾有人向任正非建议投资房地产，但被任正非果断拒绝了。

任正非明确表达了自己对房地产的厌恶，他说："高成本最终会摧毁你的竞争力。而且现在有了高铁、网络、高速公路，活力分布的时代已经形成了，但（活力）不会聚集在高成本的地方。深圳的房地产太多了，没有大块的工业用地了。大家知道大工业的发展（的特点），每一个公司都需要一定的空间发展。工业现代化最主要的，要有土地来换取工业的成长。现在土地越来越少，越来越贵，产业成长的可能空间就会越来越小。这些人要有住房，要有生活设施。生活设施太贵了，企业就承载不起。生产成本太高了，工业就发展不起来。"

由此可见，华为并非有意抛弃深圳，实在是当地的房地产炒作让实业和地产业彻底走向了对立面。

福耀玻璃创始人曹德旺也是坚持不做房地产的代表人物，有人拿他跟李嘉诚比，他很不屑，他说："我不做房地产，我不为钱，我捐了八九十亿给国家，我赚的钱也是捐掉。为什么拿我跟他比呢？我是实业家，对那些为了钱的人不屑一顾。其实很多企业出问题，都是这些老板自作孽的结果。我也是老板，我认为我熟悉这个业务，熟悉做生意的道，我不敢乱做，很保守地坚守下来，我现在企业没有负债，日子很好过。"

　　或许同曹德旺一样，任正非内心也在坚守着一份初心，所以才果断拒绝加入炒房的洪流中，而把精力和资金都投入到科研当中。可喜可贺的是，截至目前，华为专利申请量高达 5405 件，位居全球第一。华为一家公司，就超过印度、澳大利亚、新加坡等 7 个国家专利申请量的总和！

华为永不上市

华为不会轻易允许资本进来，因为资本贪婪的本性会破坏我们理想的实现。我们把利益看得不重，只为理想而奋斗，不为金钱而奋斗。守住"上甘岭"是很难的，还有好多牺牲。如果上市，"股东们"看着股市那儿可赚几十亿元、几百亿元，逼我们横向发展，我们就攻不进"无人区"了……华为之所以能成功，就在于我们不上市。

——任正非

任何一家成功的企业，几乎终极目标都是上市，上市就意味着鲜花和掌声，源源不断的现金流的涌入，既能增加企业的底气，还能降低失败的风险，甚至有的企业可以达到一步登天。上市的好处有很多，有人总结如下：

"首先，可以在短时间内大量融资；其次，可以分担公司的风险，通过发行自己公司的股票，让大众和你一起承担；最后，可以摆脱银行的控制，提升企业的知名度及得到许多利益。"

但上市又绝非只有好处，没有坏处。也有一部分企业选择不上市，例如我们熟悉的老干妈、娃哈哈、宜家、乐高等，华为也同样选择不上市。在 2017 年世界 500 强企业名单里，华为位列第 83 位，远超大众津津乐道的排名第 462 位的阿里巴巴，它也是中国历史上唯一一家进入世界百强却没有上市的民营企业。

让国人感到无比欣慰的是，终于有一家中国企业代表我们的民族科技走上了世界之巅！被问及选择不上市的原因，任正非的回答非常质朴："华为不会轻易允许资本进来，因为资本贪婪的本性会破坏我们理想的实现。我们把利益看得不重，只为理想而奋斗，不为金钱而奋斗。守住'上甘岭'是很难的，还有好多牺牲。如果上市，'股东们'看着股市那儿可赚几十亿元、几百亿元，逼我们横向发展，我们就攻不进'无人区'了……华为之所以能成功，就在于我们不上市。"

的确，上市的坏处也有许多。

首先，上市对企业来说，意味着要承担更多的压力。比如公司需要"包装"，一些专门运作企业上市的机构就会趁机从中牟取暴利，这让一心想要上市的企业通常感到"很受伤"。《南方周末》曾报道过一个例子，有一家一心想上市的企业，在被"包装"后遭到投资者的质疑，于是不得不花大价钱找中介机构做调查，为自己正名。结果该企业为此付出了 1000 多万美元服务费，最终仍未能如愿，而这家企业股市融资额总共才 1 亿美元，去掉花费，最终只剩下一副躯壳。

这样的例子还有很多。万福生科于 2011 年 9 月上市，但到了次年 11 月就被发现上市过程中有造假行为，近九成利润均为造假所得，没多久就被立案调查。2013 年，该公司董事长兼总经理、创始人龚永福被刑事拘留。采访时，龚永福不无遗憾地追悔道："我真的后悔上市了，走上这条歧途……我给你算笔账，虽然融资了 4 个多亿，但前期中介机构费用、发行费，这些人力、物力就花去近 1 亿元；募集资金还有 1.7 亿元现在被银行冻结没法使用；募投项目建设投入 1 亿多，且建设正在进行中，加上企业正常生产运作及因企业上市造假银行对企业的信誉产生怀疑，（银行）不予贷款，我只好把自己的积蓄 3000 万元也投了进去。"

上市后，一不小心，就可能遭遇灭顶之灾。此时，已经不再是资本听企业话，而是企业跟着资本走了。企业上市后，很多信息要对外披露，有些甚至涉及商业秘密，过于透明的方式，有时就容易让企业陷入被动与危险之中，一举一动都有可能受到竞争对手的监控，还有可能自己辛苦了一辈子，到最后却"江山易主"。

华为选择永不上市，可以说是早有先见之明，也是任正非经过深思熟虑的结果，为的就是"以防万一"。

可以说，假如华为已经上市，继美国商务部工业与安全局宣布把华为列入"实体名单"，未经美国政府批准禁止华为从美国公司购买零部件之后，其股票必将受到重挫。

假如华为上市成功，自然也会有不少外资进入华为，那么，在新资本进入的同时，也必然会产生新的股东，股东更看重的是短期利益，即赚钱，这就有可能削弱华为在技术研发方面的投入，而牺牲掉长远的发展计划。最可怕的是，可能会肩负着被外资控股或者上市初期就被收购的风险，这是每个华为人都不愿看到的结果。

正如任正非所强调的那样："华为不片面追求企业规模，华为的发展不缺资金，因此不会进入资本市场，绝对不上市。如果大量资本进入华为，就会多元化，就会摧毁华为二十多年来还没有完全理顺的管理。华为如果上市，就会造富一大批公司员工，这可能会让华为人越来越惰怠，从而失去奋斗者的本质色彩。"

在此之前的中兴就是一个例子。2018 年，中兴受到美国制裁后，中兴股票复盘后三天香港市场暴跌 41.5%，市值蒸发 30 亿美元，前三季度亏损高达 72.6 亿人民币。而据财经网报道，作为一家非上市公司，华为 2018 年营收入为 7212 亿元，比同年腾讯 3127 亿元、阿里巴巴 2503 亿元、百度 1023 亿元的收入之和还多。并且投入的研发费用高达 1015 亿元，超过中国的所有上市公司。

任正非不止一次在公开场合表示："资本是最没有温度的动物，是最没有耐心的魔兽。华为坚持不上市，就是为了公司的长远发展。如今华为公司有很大的问题，最大的问题就是赚的钱实在太多了，如果价格太低就把下面的公司挤死了，那华为就成了'西楚霸王'，苹果真要卖低了，很多下游的厂家就死掉。我们钱太多，就给大学、科学家以支持，我们能把这么多科学家请来也是奇迹，因此我们不需要资本进来。"

任正非把华为 98.6% 的股权都开放给员工，自己仅仅持股 1.4%，这样的气魄，在全球估计也难有。正因为这种操作，才让华为充满凝聚力，造就了华为的竞争力。任正非自信无比地说："华为不上市，就有可能称霸世界！"

可见，一家真正优秀的企业不应以追求上市为最高目标，而是应该把目标定位在服务客户、提升管理与科研竞争，以及公司与员工发展的长远打算上。华为的不上市，正体现着华为人的淡定与自若、理智与清醒。

附　录

任正非：我的父亲母亲

上世纪末最后一天，我总算良心发现，在公务结束之后，买了一张从北京去昆明的机票，去看看妈妈。买好机票后，我没有给她电话，我知道一打电话她一下午都会忙碌，不管多晚到达，都会给我做一些我小时候喜欢吃的东西。直到飞机起飞，我才告诉她，让她不要告诉别人，不要车来接，我自己坐出租车回家，目的就是好好陪陪她。前几年我每年也去看看妈妈，但一下飞机就给办事处接走了，说这个客户很重要，要拜见一下，那个客户很重要，要陪他们吃顿饭，忙来忙去，忙到上飞机时回家取行李，与父母匆匆一别。妈妈盼星星，盼月亮，盼唠唠家常，一次又一次地落空。他们总是说你工作重要，先工作，先工作。

由于我（2001年）3日要赶回北京，随胡锦涛副主席（时任）访问伊朗，在昆明我只能待一天。这次在昆明给妈妈说了去年11月份我随吴邦国副总理访问非洲时，吴邦国副总理在科威特与我谈了半小时话的内容。首长说了这次我随访是他亲自点的名，目的有三个：1. 鼓励和肯定华为，并让随行的各部部长也正面地认识和了解华为；2. 了解一下我们公司的运行与管理机制，看看对别的企业有无帮助；3. 看看政府对华为开拓国际市场是否能给予一些帮助。妈妈听了十分高兴，说："政府信任就好，只要企业干得好，其他都会随时间的证实而过去的。"

最近这两年，网上、媒体对华为有一些内容，也是毁誉参半，妈妈是经过"文革"痛苦煎熬过的，对荣誉不感兴趣，对一些不了解我们真实情况的文章却十分忧心。我说了，我们不是上市公司，不需要公示社会，主要是对政府负责，对企业的有效运行负责。我们去年交税 20 多亿，2001 年要交 40 多亿的税。各级政府对我们都信任。我们不能在媒体上去辩论，这样会引起争论，国家纸太贵，为我们这样一个小公司争论太浪费。为我们这样一个小公司，去干扰国家的宣传重点，我们也承担不了这么大责任。他们主要是不了解，我们也没有介绍，了解就好了。妈妈舒了一口气，理解了我的沉默。这次我还与母亲约好，今年春节我不工作，哪儿也不去，与几个弟妹陪她到海南过春节，好好聊一聊，痛痛快快聊一聊。以前，我节假日多为出国，因中国过节，外国这时不过节，正好多一些时间工作，这次我是彻底想明白了，要陪陪妈妈，我这一生还没有好好陪过她。没想到终成泡影。

8 日那天，圆满结束对伊朗的访问，我们刚把胡副主席送上飞机，就接到纪平的电话，说我母亲上午 10 时左右，从菜市场出来，提着两小包菜，被汽车撞成重伤，孙总已前往昆明组织抢救。由于相隔千万里，伊朗的通信太差，真使人心急火燎。飞机要多次中转才能回来，在巴林转机要待 6.5 个小时，真是心如煎熬，又遇巴林雷雨，飞机又延误两个小时，到曼谷时又晚了十分钟，没有及时赶上回昆明的飞机，直到深夜才赶到昆明。

回到昆明，就知道妈妈不行了，她的头部全部给撞坏了，当时的心跳、呼吸全是靠药物和机器维持，之所以在电话里不告诉我，是怕我在旅途中出事。我看见妈妈一声不响地安详地躺在病床上，不用操劳、烦心，好像她一生也没有这么休息过。

我真后悔没有在伊朗给母亲打一个电话。7日胡副主席接见我们8个随行的企业负责人，我汇报了两三分钟，说到我是华为公司的时候，胡副主席伸出4个指头，说四个公司之一。我本想把这个好消息告诉妈妈，说中央首长还知道我们华为。但我没打，因为以前不管我在国内、国外给我母亲打电话时，她都唠叨，"你又出差了"，"非非你的身体还不如我好呢"，"非非你的皱纹比妈妈还多呢"，"非非你走路还不如我呢，你这么年纪轻轻就这么多病"，"非非，糖尿病参加宴会多了，坏得更快呢，你的心脏又不好"。我想伊朗条件这么差，我一打电话，妈妈又唠叨，反正过不了几天就见面了，就没有打。而这是我一生中最大的憾事。由于时差，我只能在中国时间8日上午一早打，告诉她这个喜讯，如果我真打了，拖延她一两分钟出门，也许妈妈就躲过了这场灾难。这种悔恨的心情，真是难以形容。

我看了妈妈最后一眼后，妈妈溘然去世。1995年我父亲也是因为在昆明街头的小摊上，买了一瓶塑料包装的软饮料喝后，拉肚子，一直到全身（器官）衰竭去世。

爸爸任摩逊，尽职尽责一生，充其量可以说是一个乡村教育家。妈妈程远昭，是一个陪伴父亲在贫困山区与穷孩子厮混了一生的一个普通得不能再普通的园丁。

爸爸是穿着土改工作队的棉衣，随解放军剿匪部队一同进入贵州少数民族山区去筹建一所民族中学，一头扎进去就是几十年。他培养的学生不少成为党和国家的高级干部，有些还是中央院校的校级领导，而父亲还是那么位卑言微。

爷爷是浙江浦江县的一个做火腿的大师傅，爸爸的兄弟姊妹都没有读过书。由于爷爷的良心发现，也由于爸爸的执着要求，爸爸才读了书。爸爸在北京上大学期间，也是一个热血青年，参加学生运动，进行抗日演讲，反对侵华的《田中奏章》，还参加过共青团。由于爷爷、奶奶相继病逝，爸爸差一年没有读完大学，辍学回家。时日，正值国共合作开始，全国掀起抗日高潮，父亲在同乡会的介绍下，到广州一个同乡当厂长的国民党军工厂做会计员。由于战争的逼近，工厂又迁到广西融水，后又迁到贵州桐梓。在广西融水期间，爸爸与几个朋友在业余时间，开了一个生活书店，卖革命书籍，又组织一个"七七"读书会，后来这个读书会中有几十人走上了革命前线，有相当多的人新中国成立后成为党和国家的高级干部。粉碎"四人帮"后，融水重写党史时，还把爸爸邀请过去。

爸爸这段历史，是"文革"中受磨难最大的一件事情。身在国民党的兵工厂，而又积极宣传抗日，同意共产党的观点，而又没有与共产党地下组织联系。你为什么？这就成了一部分人的疑点。在"文革"时期，如何解释得清楚。他们总想挖出一条隐藏得很深的大鱼，爸爸受尽了百般的折磨。

　　妈妈其实只有高中文化程度，她要陪伴父亲，忍受各种屈辱，成为父亲的挡风墙，又要照顾我们兄妹七人，放下粉笔就要和煤球为伍，买菜、做饭、洗衣……又要自修文化，完成自己的教学任务，她最后被评为中学的高级教师。她的学生中，不少是省、地级干部及优秀的技术专家，他们都对母亲的教学责任心印象深刻。妈妈这么低的文化水平，自学成才，各种艰辛，只有她自己知道。

　　父母虽然较早参加革命，但他们的非无产阶级血统，要融入无产阶级的革命队伍，取得信任，并不是一件容易的事情。他们不可能像普通农民、工人那样政治纯洁。他们是生活在一个复杂的社会中，这个社会又是多元化组成的，不可能只有一种纯洁的物质。历次政治运动中，他们都向党交心，他们思想改造的困难程度要比别人大得多，所受的内心煎熬也非他人所能理解。他们把一生任何一个细节都写得极其详尽，希望组织审查。他们去世后，我请同学去帮助复印父母的档案，同学们看了父母向党交心的材料，都被他们的真情感动得泪流满面。终其一生，他们都是追随革命的，不一定算得上中坚分子，但无愧于党和人民。父亲终在1958年国家吸收一批高级知识分子入党时，入了党。当时向党交心，不像今天这样信息发达，那时，反对个别党员，有可能被说成反党。我们亲眼看到父母的谨小慎微、忘我地拼其全力工作，无暇顾及我们，就如我拼死工作，无暇孝敬他们一样。他们对党和国家、对事业的忠诚，已经历史可鉴。我今天要忏悔的，是我没有抽时间陪陪他们，送送他们。

　　回想起来，革命的中坚分子在一个社会中是少的，他们能以革命的名义，无私无畏地工作，他们是国家与社会的栋梁。为了选拔这些人，多增加一些审查成本是值得的。而像父母这样追随革命，或拥护革命，或不反对革命的人是多的，他们比不革命好，社会应认同他们，给以机会。不必要求他们那么纯洁，花上这么多精力去审查他们，高标准要求他们，他们达不到也痛苦，而是要精神文明与物质文明一同来支撑，以物质文明来巩固精神文明，以一种机制来促使他们主观上为提高生存质量，客观上是促进革命，充分发挥他们贡献的积极性。我主持华为工作后，我们对待员工，包括辞职的员工都是宽松的，我们只选拔有敬业精神、献身精神、有责任心和使命感的员工进入干部队伍，只对高级干部严格要求。这也是亲历亲见了父母的思想改造的过程，而形成了我宽容的品格。

我与父母相处的青少年时代，印象最深的就是渡过三年自然灾害的困难时期。今天想来还历历在目。

我们兄妹七个，加上父母共九人。全靠父母微薄的工资来生活，毫无其他来源。本来生活就十分困难，儿女一天天在长大，衣服一天天在变短，而且都要读书，开支很大，每个学期每人交 2 ~ 3 元的学费，到交费时，妈妈每次都发愁。与勉强可以用工资来解决基本生活的家庭相比，我家的困难就更大。我经常看到妈妈月底就到处向人借 3 ~ 5 元钱度饥荒，而且常常走了几家都未必借到。直到高中毕业我（都）没有穿过衬衣。有同学看到很热的天，我穿着厚厚的外衣，说让我向妈妈要一件衬衣，我不敢，因为我知道做不到。我上大学时妈妈一次送我两件衬衣，我真想哭，因为，我有了，弟妹们就会更难了。我家当时是 2~3 人合用一条被盖，而且破旧的被单下面铺的是稻草。"文革"造反派抄家时，以为一个高级知识分子、专科学校的校长家，不知有多富，结果都惊住了。上大学我要拿走一条被子，就更困难了，因为那时还实行布票、棉花票管制，最少的一年，每人只发 0.5 米布票。没有被单，妈妈捡了毕业学生丢弃的几床破被单缝缝补补，洗干净，这条被单就在重庆陪我度过了五年的大学生活。

父母的不自私，那时的处境可以明鉴。我那时十四五岁，是老大，其他一个比一个小，而且不懂事。他们完全可以偷偷地多吃一口粮食，可他们谁也没有这么做。爸爸有时还有机会参加会议，适当改善一下生活。而妈妈那么卑微，不仅要同别的人一样工作，而且还要负担七个孩子的培养、生活。煮饭、洗衣、修煤灶……什么都干，消耗这么大，自己却从不多吃一口。我们家当时是每餐实行严格分饭制，控制所有人欲望的配给制，保证人人都能活下来。不是这样，总会有一个、两个弟妹活不到今天。我真正能理解活下去这句话的含义。

我高三快高考时，有时在家复习功课，实在饿得受不了了，用米糠和菜合一下，烙着吃，被爸爸碰上几次，他心疼了。其实那时我家穷得连一个可上锁的柜子都没有，粮食是用瓦缸装着，我也不敢去随便抓一把，否则也有一两个弟妹活不到今天。（我的不自私也是从父母身上学到的，华为今天这么成功，与我不自私有一点关系。）后三个月，妈妈经常早上塞给我一个小小的玉米饼，要我安心复习功课，我能考上大学，小玉米饼功劳巨大。如果不是这样，也许我也创立不了华为这样的公司，社会上多了一名养猪能手，或街边多了一名能工巧匠而已。这个小小的玉米饼，是从父母与弟妹的口中抠出来的，我无以报答他们。

　　1997 年我国的高等教育制度改革，开始向学生收费，而配套的助学贷款又没跟上，华为集团向教育部捐献了 2500 万元寒门学子基金。在基金叫什么名字上争论很大，甚至有员工亲自来找我，说不要叫寒门，叫优秀 ××，这些人不少还是博士、博士后。我认为出身贫寒并不羞耻，而思想与知识贫寒，出身高贵也不光荣。我的青少年时代就是在贫困、饥饿、父母逼着学中度过来的。没有他们在困难中看见光明、指导，并逼迫我努力，就不会有我的今天。

　　父亲一生谨小慎微，自知地位不高，从不乱发言而埋头在学问中，因此，平安度过了 1957 年反右、1959 年反右倾、1964 年"四清"。但没有小难，必有大难。"文革"一开始，各地都以"三家村"这种模式找靶子。会写文章，是党的领导干部，有一些独立的政治思想的人（指与当地的潮流不合拍），就是靶子。爸爸在早期革命队伍中就算有文化的，又有教学经验，又是领导干部……是这种模板。"文革"又是教育界首先开始的，在横扫一切牛鬼蛇神的运动中，他最早被抛出来，反对学术权威，走资派，历史有问题的……万劫难逃。他最早被关进牛棚（当时称关押地、富、反、坏、右、走资……这种人的非监狱的囚室），直到粉碎"四人帮"，历时十年，短短的人生能有几个十年。这又是在他最能为人民做事的时期，你知道这对一个有志者是多么的痛苦。由于只有少数人先被抛出来，那时的末日恐惧是可以想象的。父亲是校长，父亲的同事，原来的书记黄宣乾是老革命，忍受不了而自杀了。其实他们的错误就是要把教学搞好为国家，就是今天的科教兴国。

当时，我已到外地读书，没有直接感受到家庭的遭遇，因为母亲来信绝不会描述。她只会说："要相信运动，跟党走，要划清界限，争取自己的前途……的政策问题是历史问题看现实，出身问题看本人，你不要受什么影响。"而弟妹们年纪小，在父母身边，他们直接感受了各种屈辱与打击。弟妹们经常扒在食堂外面的玻璃窗，看批斗爸爸，吓得他们浑身发抖。爸爸站在高高的台子上，头戴高帽，满脸涂黑，反捆双手，还一边被人拳打脚踢，有时还被踢倒在地……有时，几百个走资派挂着黑牌、装在卡车上游街……

我当时在外地读书，对家中的情况不了解，是同班同学从父亲学校出来串连的学生中了解到，再告诉我的。我在大串联中，收集了许多传单，寄给母亲。我记得传单上有周恩来总理的一段讲话："干部要实事求是，不是的不要乱承认，事情总会搞清的。"妈妈把周总理这段话，藏在饭里送给爸爸，后来爸爸说，这张条子救了他的命，他才没有自杀。其实父亲为什么没有自杀，母亲后来给我们说过，他是为了我们七个孩子。他想他一死，就成了自绝于人民，孩子们背上这个政治包袱，一辈子如何生存，那时的血统论，株连儿女的严酷环境下，他忍受百般折磨，也不会自杀的。

1967年重庆武斗激烈时，我扒火车回家。因为没有票，还在火车上挨过上海造反队的打，我说我补票也不行，硬把我推下火车，也挨过车站人员的打，回家还不敢直接在父母工作的城市下车，而在前一站青太坡下车，步行十几里回去。半夜回到家，父母见我回来了，来不及心疼，让我明早一早就走，怕人知道，受牵连，影响我的前途。爸爸脱下他的一双旧皮鞋给我，第二天一早我就走了，临走，父亲说了几句话："记住知识就是力量，别人不学，你要学，不要随大流。""以后有能力要帮助弟妹。"背负着这种重托，我在重庆枪林弹雨的环境下，将樊映川的高等数学习题集从头到尾做了两遍，学习了许多逻辑、哲学。还自学了三门外语，当时已到可以阅读大学课本的程度，终因我不是语言天才，加之在军队服务时用不上，20多年荒废，完全忘光了。我当年穿走爸爸的皮鞋，没念及爸爸那时是做苦工的，泥里水里，冰冷潮湿，他更需要鞋子。现在回忆起来，感觉自己太自私了。

　　"文革"中，我家的经济状况，陷入了比自然灾害时期还困难的境地。中央文革为了从经济上打垮走资派，下文控制他们的人均标准生活费不得高于15元。而且各级造反派层层加码，真正到手的平均10元左右。我有同学在街道办事处工作，介绍弟妹们到河里挖砂子，修铁路抬土方……弟妹们在我结婚时，大家集在一起，送了我100元。这都是他们在冰冷的河水中筛砂，修铁路时冒着在土方塌方中被掩埋的危险……挣来的。那时的生活艰苦还能忍受，心痛比身痛要严重得多，由于父亲受审查的背景影响，弟妹们一次又一次的入学录取被否定，那个年代对他们的损失就是没有机会接受高等教育。除了我大学读了三年就开始"文化大革命"外，其他弟妹有些高中、初中、高小、初小都没读完，他们后来适应人生的技能，都是自学来的。从现在的回顾来看，物质的艰苦生活以及心灵的磨难是我们后来人生的一种成熟的机会。

母亲那时有严重的肺结核病，经济如此之困难，营养条件又差，还要承担沉重的政治压力，往牛棚送饭，抄检查……还帮助父亲检查刻蜡板，多印几份，早一些解决问题。那时，社会上的油印机是为造反派服务的，不可能借用。母亲就用一块竹片削好，在蜡纸上刮，印出检查。母亲由于得不到很好的治疗，几乎耳聋。

我那时在外地院校受影响较小，"文革"后期，毕业分配时，整个中国已经上千万干部被打倒，我就显得不孤立了。父亲没有做结论，也不能作为分配的依据。后来我入伍参军，也是如此理由，让我过了关，所以我比弟妹们多了一种幸运。

"文革"对国家是一场灾难，但对我们是一次人生的洗礼，使我政治上成熟起来，不再是单纯的一个书呆子。我虽然也参加了轰轰烈烈的红卫兵运动，但我始终不是红卫兵，这也是一个奇观。因为父亲受审的影响，哪一派也不批准我参加红卫兵。后来我入伍后，也是因为父亲的问题，一直没有通过入党申请，直到粉碎"四人帮"以后。

直到1976年10月，中央一举粉碎了"四人帮"，使我们得到了翻身解放。我一下子成了奖励"暴发户"。"文革"中，无论我如何努力，一切立功、受奖的机会均与我无缘。在我领导的集体中，战士们立三等功、二等功、集体二等功，几乎每年都大批涌出，而唯我这个领导者，从未受过嘉奖。我已习惯了我不应得奖的平静生活，这也是我今天不争荣誉的心理素质培养。粉碎"四人帮"以后，生活翻了个个儿，因为我两次填补过国家空白，又有技术发明创造，合乎那时的时代需要，突然一下子"标兵、功臣……"部队与地方的奖励排山倒海式地压过来。我这人也热不起来，许多奖品都是别人去代领回来的，我又分给了大家。

1978年3月，我出席了全国科学大会，6000人的代表中，仅有150多人在35岁以下，我33岁。我也是军队代表中少有的非党人士。在兵种党委的直接关怀下，部队未等我父亲平反，就直接去为查清我父亲的历史进行外调，否定了一些不实之词，并把他们的调查结论，寄给我父亲所在的地方组织。我终于入了党。后来又出席了党的第十二次全国代表大会。父亲把我与党中央领导合影的照片，做了一个大大的镜框，挂在墙上，全家都引以为自豪。

我父亲也在粉碎"四人帮"后不久平反。由于那时百废待兴，党组织需要尽快恢复一些重点中学，提高高考的升学率，让他去做校长。"文革"前他是一个专科学校的校长。他不计较升降，不计较得失，只认为有了一种工作机会，全身心地投进去了，很快就把教学质量抓起来了，升学率达到了90%多，成为远近闻名的学校。他直到1984年75岁才退休。他说，他总算赶上了一个尾巴，干了一点事。他希望我们珍惜时光，好好干。至此，我们就各忙各的，互相关心不了了。我为老一辈的政治品行自豪，他们从牛棚中放出来，一恢复组织生活，都拼命地工作。他们不以物喜，不以己悲，不计荣辱，爱国爱党，忠于事业的精神值得我们这一代人、下一代人、下下一代人学习。生活中不可能没有挫折，但一个人为人民奋斗的意志不能动摇。

　　我有幸在罗瑞卿同志逝世前三个月，有机会聆听了他为全国科学大会军队代表的讲话，说未来十几年是一个难得的和平时期，我们要抓紧全力投入经济建设。我那时年轻，缺少政治头脑，并不明白其含意。过了两三年大裁军，我们整个兵种全部被裁掉，我才理解了什么叫预见性的领导。

　　转入地方后，不适应商品经济，也无驾驭它的能力，一开始我在一个电子公司当经理也栽过跟头，被人骗过。后来也是无处可以就业，才被迫创建华为的。华为的前几年是在十分艰难困苦的条件下起步的。这时父母、侄子与我住在一间十几平方米的小房里，在阳台上做饭。他们处处为我担心，生活也十分节省，攒一些钱说是为了将来救我。（听妹妹说，母亲去世前两个月，还与妹妹说，她存有几万元，以后留着救哥哥，他总不会永远都好。母亲在被车撞时，她身上只装了几十元钱，又未带任何证件，是作为无名氏被110抢救的。中午吃饭时，妹妹、妹夫才发现她未回来，四处寻找，才知道遇车祸。可怜天下父母心，一个母亲的心有多纯。）当时在广东卖鱼虾，一死就十分便宜，父母他们专门买死鱼、死虾吃，说这比内地还新鲜呢！晚上出去买菜与西瓜，因为卖不掉的菜，便宜一些。我也无暇顾及他们的生活，以致母亲糖尿病严重我还不知道，是邻居告诉我的。华为有了规模发展后，管理转换的压力十分巨大，我不仅照顾不了父母，而且连自己也照顾不了，我的身体也是那一段时间累垮的。我父母这时才转去昆明我妹妹处定居。我也因此理解了要奋斗就会有牺牲，华为的成功，使我失去了孝敬父母的机会与责任，也销蚀了自己的健康。

　　我总认为母亲身体很好，还有时间。我身体不好，以及知识结构、智力跟不上时代，也将逐步退出历史舞台，总会有时间陪陪她的，没想到飞来横祸。回顾我自己已走过的历史，扪心自问，我一生无愧于祖国，无愧于人民，无愧于事业与员工，无愧于朋友，唯一有愧的是对不起父母，没条件时没有照顾他们，有条件时也没有照顾他们。我知道我的情况比绝大多数人要好，为了忘却纪念，也一吐为快。

　　爸爸妈妈，千声万声呼唤你们，千声万声唤不回。

　　逝者已经逝去，活着的还要前行。

华为的冬天

——2001 年 2 月 17 日华为公司内刊任正非演讲

公司所有员工是否考虑过，如果有一天，公司销售额下滑，利润下滑，甚至会破产，我们怎么办？我们公司的太平时间太长了，在和平时期升的官太多了，这也许就是我们的灾难。泰坦尼克号也是在一片欢呼声中出的海。而且我相信，这一天一定会到来。面对这样的未来，我们怎样来处理，我们是不是思考过。我们好多员工盲目自豪，盲目乐观，如果想的人太少，也许不幸就快来临了。居安思危，不是危言耸听。

我到德国考察时，看到第二次世界大战后德国恢复得这么快，当时很感动。他们当时的工人团结起来，提出要降工资，不增工资，从而加快经济建设，所以战后德国经济增长很快。如果华为公司真的危机到来了，是不是员工工资减一半，大家靠一点白菜、南瓜过日子，就能行？或者我们就裁掉一半人是否就能救公司。如果是这样就行的话，危险就不危险了。因为，危险一过去，我们可以逐步将工资补回来，或者销售增长，将被迫裁掉的人请回来。这算不了什么危机。

如果两者同时都进行，都不能挽救公司，想过没有。

十年来我天天思考的都是失败，对成功视而不见，也没有什么荣誉感、自豪感，而是危机感，也许是这样才存活了十年。我们大家要一起来想，怎样才能活下去，也许才能活得久一些。失败这一天是一定会到来，大家要准备迎接，这是我从不动摇的看法，这是历史规律。

华为老喊狼来了，喊多了，大家有些不信了。但狼真的会来。今年我们要广泛展开对危机的讨论，讨论华为有什么危机，你的部门有什么危机，你的科室有什么危机，你的流程的哪一点有什么危机。还能改进吗？还能改进吗？还能提高人均效益吗？如果讨论清楚了，那我们可能就不死，就延续了我们的生命。怎样提高管理效率，我们每年都写了一些管理要点，这些要点能不能对你的工作有些改进，如果改进一点，我们就前进了。

一、均衡发展，就是抓短的一块木板

我们怎样才能活下来。同志们，你们要想一想，如果每一年你们的人均产量增加15%，你可能仅仅保持住工资不变或者还可能略略下降。电子产品价格下降幅度一年还不止15%吧。我们卖的越来越多，而利润却越来越少，如果我们不多干一点，我们可能保不住今天，更别说涨工资。不能靠没完没了的加班，所以一定要改进我们的管理。

在管理改进中，一定要强调改进我们木板最短的那一块。各部门、各科室、各流程主要领导都要抓薄弱环节。要坚持均衡发展，不断地强化以流程型和时效型为主导的管理体系

的建设，在符合公司整体核心竞争力提升的条件下，不断优化你的工作，提高贡献率。

全公司一定要建立起统一的评价体系，统一的考评体系，才能使人员在内部流动和平衡成为可能。比如有人说我搞研发创新很厉害，但创新的价值如何体现，创新必须通过转化变成商品，才能产生价值。我们重视技术，重视营销，这一点我并不反对，但每一个链条都是很重要的。研发相对用户来说，同等级别的一个用户工程师可能要比研发人员综合处理能力还强一些。所以如果我们对售后服务体系不给认同，那么这体系就永远不是由优秀的人来组成的。不是由优秀的人来组成就是高成本的组织。因为他飞过去修机器，去一趟修不好，又飞过去修不好，又飞过去又修不好。我们把工资全都赞助给民航了。如果我们一次就能修好，甚至根本不用过去，用远程指导就能修好，我们将省多少成本啊！因此，我们要强调均衡发展，不能老是强调某一方面。

二、对事负责制与对人负责制是有本质区别的，一个是扩张体系，一个是收敛体系

为什么我们要强调以流程型和时效型为主导的体系呢？现在流程上运作的干部，他们还习惯于事事都请示上级。这是错的，已经有规定，或者成为惯例的东西，不必请示，应快速让它通过去。执行流程的人，是对事情负责，这就是对事负责制。事事请示，就是对人负责制，它是收敛的。我们要简化不必要确认的东西，要减少在管理中不必要、不重要的环节，否则公司怎么能高效运行呢？现在我们机关有相当

的部门以及相当的编制，在制造垃圾，然后这些垃圾又进入
分拣、清理，制造一些复杂的程序以及不必要的报表、文件，
来养活一些不必要养活的机关干部，机关干部是不能产生增
值行为的。我们一定要在监控有效的条件下，尽力精减机关。

市场部机关是无能的。每天的纸片如雪花一样飞啊，每
天都向办事处要报表，今天要这个报表，明天要那个报表，
这是无能的机关干部。办事处每一个月把所有的数据填一个
表，放到数据库里，机关要数据就到数据库里找。从明天开
始，市场部把多余的干部组成一个数据库小组，所有数据只
能向这个小组要，不能向办事处要，办事处一定要给机关打
分，你们不要给他们打那么好的分，让他们吃一点亏，否则
他们不会明白这个道理，就不会服务于你们，使你作战有力。

在本职工作中，我们一定要敢于负责任，使流程速度加
快，对明哲保身的人一定要清除。华为给了员工很好的利益，
于是有人说千万不要丢了这个位子，千万不要丢掉这个利益。
凡是要保自己利益的人，要免除他的职务，他已经是变革的
绊脚石。在去年的一年里，如果没有改进行为的，甚至一次
错误也没犯过，工作也没有改进的，是不是可以就地免除他
的职务。他的部门的人均效益没提高，他这个科长就不能当
了。他说他也没有犯错啊，没犯错就可以当干部吗？有些人
没犯过一次错误，因为他一件事情都没做。而有些人在工作
中犯了一些错误，但他管理的部门人均效益提升很大，我认
为这种干部就要用。对既没犯过错误，又没有改进的干部可
以就地免职。

三、自我批判是思想、品德、素质、技能创新的优良工具

我们一定要推行以自我批判为中心的组织改造和优化活动。自我批判不是为批判而批判，也不是全面否定而批判，而是为优化和建设而批判。总的目标要提升公司整体核心竞争力。

为什么要强调自我批判？我们提倡自我批判，但不提倡相互批评，因为批评不好把握适度，如果批判火药味很浓，就容易造成队伍之间的矛盾。而自己批判自己呢，人们不会自己下猛力，对自己都会手下留情。即使用鸡毛掸子轻轻打一下，也比不打好，多打几年，你就会百炼成钢了。自我批判不光是个人进行自我批判，组织也要对自己进行自我批判。通过自我批判，各级骨干要努力塑造自己，逐步走向职业化，走向国际化。

公司认为自我批判是个人进步的好办法，还不能掌握这个武器的员工，希望各级部门不要对他们再提拔了。两年后，还不能掌握和使用这个武器的干部要降低使用。在职在位的干部要奋斗不息，进取不止。

干部要有敬业精神，献身精神，责任心，使命感。我们对普通员工不做献身精神要求，他们应该对自己付出的劳动，取得合理报酬。只对有献身精神的员工做要求，将他们培养成干部。另外，我们对高级干部实施严要求，不对一般干部实施严要求。因为管他也要花钱的呀，不打粮食的事我们要少干。因此我们对不同级别的干部有不同的要求，凡是不能使用自我批判这个武器的干部，都不能提拔。

自我批判从高级干部开始，高级干部每年都有民主生活

会，民主生活会提的问题是非常尖锐的。有人听了以后认为公司内部斗争真激烈，你看他们说起问题来很尖锐，但是说完他们不又握着手去打仗了吗？我希望这种精神一直往下传，下面也要有民主生活会，一定要相互提意见，相互提意见时一定要和风细雨。我认为，批评别人应该是请客吃饭，应该是绘画、绣花，要温良恭让。一定不要把内部的民主生活会变成了有火药味的会议，高级干部尖锐一些，是他们素质高，越到基层应越温和。事情不能指望一次说完，一年不行，两年也可以，三年进步也不迟。我希望各级干部在组织自我批判的民主生活会议上，千万要把握尺度。我认为人是怕痛的，太痛了也不太好，像绘画、绣花一样，细细致致地帮人家分析他的缺点，提出改进措施来，和风细雨式最好。

四、任职资格及虚拟利润法是推进公司合理评价干部有序、有效的制度

我们要坚定不移地继续推行任职资格管理制度。只有这样才能改变过去的评价蒙估状态，才会使有贡献、有责任心的人尽快成长起来。激励机制要有利于公司核心竞争力战略的全面展开，也要有利于近期核心竞争力的不断增长。

什么叫领导？什么叫政客？这次以色列的选择，让我们看到了犹太人的短视。拉宾意识到以色列一个小国，处在几亿阿拉伯人的包围中，尽管几次中东战争以色列都战胜了，但不能说50年、100年以后，阿拉伯人不会发展起来。今天不以土地换和平，划定边界，与周边和平相处，那么一旦阿拉伯人强大起来，他们又会重新流离失所。要是这样，犹太人再过 2000 年还回不回得来，就不一定了。而大多数人，只看重眼前的利益，沙龙是强硬派，会为犹太人争得近期利益，人们拥护了他。我终于看到一次犹太人也像我们一样的短视。我们的领导不要迎合群众，但推进组织目的，要注意工作方法。

干部要有敬业精神，献身精神，责任心和使命感。区别一个干部是不是一个好干部，是不是忠诚，标准有四个：第一，你有没有敬业精神，对工作是否认真，改进了，还能改进吗？还能再改进吗？这就是你的工作敬业精神；第二，你有没有献身精神，不要斤斤计较，我们的价值评价体系不可能做到绝对公平。如果用曹冲称象的办法来进行任职资格评价的话，那肯定是公平的。但如果用精密天平来评价，那肯定公平不了。我们要想做到绝对公平是不可能的。我认为献身精神是考核干部的一个很重要的因素。一个干部如果过于斤斤计较，这个干部绝对做不好，你手下有很多兵，你自私，斤斤计较，你的手下能和你合作很好吗？没有献身精神的人不要做干部，做干部的一定要有献身精神；第三和第四点，就是要有责任心和使命感。我们的员工是不是都有责任心和使命感？如果没有责任心和使命感，为什么还想要当干部？如果你觉得你还是有一点责任心和使命感的，赶快改进，否则最终还是要把你免下去的。

五、不盲目创新，才能缩小庞大的机关

庙小一点，方丈减几个，和尚少一点，机关的改革就是这样。总的原则是我们一定要压缩机关，为什么？因为我们

建设了 IT。为什么要建设 IT？道路设计时要博士，炼钢制轨要硕士，铺路要本科生。但是道路修好了扳岔道就不要这么高的学历了，否则谁也坐不起这个火车。因此当我们公司组织体系和流程体系建设起来的时候，就不要这么多的高级干部，方丈就少了。

我们坚持"小改进，大奖励"，它是我们长期坚持不懈的改良方针。应在小改进的基础上，不断归纳，综合分析。研究其与公司总体目标流程的符合，与周边流程的和谐，要简化、优化，再固化。这个流程是否先进，要以贡献率的提高来评价。我年轻时就知道华罗庚的一句话："神奇化易是坦途，易化神奇不足提。"我们有些员工，交给他一件事，他能干出十件事来，这种创新就不需要，是无能的表现。这是制造垃圾，这类员工要降低使用。所以今年有很多变革项目，但每个变革项目都要以贡献率来考核。既要实现高速增长，又要同时展开各项管理变革，错综复杂，步履维艰，任重而道远。各级干部要有崇高的使命感和责任感，要热烈而镇定，紧张而有秩序。"治大国如烹小鲜"，我们做任何小事情都要小心谨慎，不要随意把流程破坏了，发生连锁错误。

六、规范化管理本身已含监控，它的目的是有效、快速地服务需要

我们要继续坚持业务为主导，会计为监督的宏观管理方法与体系的建设。什么叫业务为主导，就是要敢于创造和引导需求，取得"机会窗"的利润。也要善于抓住机会，缩小差距，使公司同步于世界而得以生存。什么叫会计为监督，就是为保障业务实现提供规范化的财务服务，规范化就可以快捷、准确和有序，使账务维护成本低。规范化是一把筛子，在服务的过程中也完成了监督。要把服务与监控融进全流程。我们也要推行逆向审计，追溯责任，从中发现优秀的干部，铲除积淀层。

七、面对变革要有一颗平常心，要有承受变革的心理素质

我们要以正确的心态面对变革。什么是变革？就是利益的重新分配。利益重新分配是大事，不是小事。这时候必须有一个强有力的管理机构，才能进行利益的重新分配，改革才能运行。在改革的过程中，从利益分配的旧平衡逐步走向新的利益分配平衡。这种平衡的循环过程，是促使企业核心竞争力提升与效益增长的必须，但利益分配永远是不平衡的。我们在进行岗位变革也是有利益重新分配的，比如大方丈变成了小方丈，你的庙被拆除了，不管叫什么，都要有一个正确的心态来对待。如果没有正确的心态，我们的改革是不可以成功的，不可能被接受的。特别是随着 IT 体系的逐步建成，以前的多层行政传递与管理的体系将更加扁平化。伴随中间层的消失，一大批干部将成为富余，各大部门要将富余的干部及时输送至新的工作岗位上去，及时地疏导，才会避免以后的过度裁员。我在美国时，在和 IBM、Cisco、Lucent 等几个大公司领导讨论问题时谈到，IT 是什么呢，他们说，IT 就是裁员，裁员，再裁员。以电子流来代替工人的操作，以降低运作成本，增强企业竞争力。我们也将面临这个问题。伴随着 IPD、ISC、财务四统一、支撑 IT 的网络等逐步铺开和建

立，中间层消失。我们预计大量裁掉干部的时间大约在 2003 年或 2004 年。

今天要看到这个局面，我们现在正在扩张，还有许多新岗位，大家要赶快去占领这些新岗位，以免被裁掉。不管是对干部还是普通员工，裁员都是不可避免的。我们从来没有承诺过，像日本一样执行终身雇佣制。我们公司从创建开始就是强调来去自由的。内部流动是很重要的，当然这个流动有升有降，只要公司的核心竞争力提升了，个人的升降又何妨呢？"不以物喜，不以己悲"，因此今天来说，我们各级部门真正关怀干部，就不是保住他，而是要疏导他，疏导出去。

八、模板化是所有员工快递管理进步的法宝

一个新员工，看懂模板，会按模板来做，就已经国际化，职业化，现在的文化程度，三个月就掌握了。而这个模板是前人摸索几十年才摸索出来的。你不必再去摸索。各流程管理部门，合理化管理部门，要善于引导各类已经优化的、已经证实行之有效的工作模板化。清晰流程，重复运行的流程，工作一定要模板化。一项工作达到同样绩效，少用工，又少用时间，这才说明管理进步了。我们认为，抓住主要的模板建设，又使相关的模板的流程连接起来，才会使 IT 成为现实。在这个问题，我们要加强建设。

九、华为的危机、萎缩、破产，是一定会到来的

现在是春天吧，但冬天已经不远了，我们在春天与夏天要念着冬天的问题。IT 的冬天对别的公司来说不一定是冬天，

而对华为可能是冬天。华为的冬天可能来得更冷，更冷一些。我们还太嫩，我们公司经过十年的顺利发展没有经历过挫折，不经过挫折，就不知道如何走向正确道路。磨难是一笔财富，而我们没有经过磨难，这是我们最大的弱点。我们完全没有适应不发展的心理准备与技术准备。

危机的到来是不知不觉的，我认为所有的员工都不能站在自己的角度立场想问题。如果说你们没有宽广的胸怀，就不可能正确对待变革。如果你不能正确对待变革，抵制变革，公司就会死亡。在这个过程中，大家一方面要努力地提升自己，一方面要与同志们团结好，提高组织效率，并把自己的好干部送到别的部门去，使自己部下有提升的机会。你减少了编制，避免了裁员，压缩。在改革过程中，很多变革总会触动某些员工的一些利益和矛盾，希望大家不要发牢骚，说怪话，特别是我们的干部要自律，不要传播小道消息。

十、安安静静地应对外界议论

对待媒体态度，希望全体员工都要低调，因为不是上市公司，所以我们不需要公示社会。我们主要是对政府负责，对企业的有效运行负责任。对政府的责任就是遵纪守法，我们去年交给国家的增值税、所得税是 18 个亿，关税是 9 个亿，加起来一共是 27 个亿。估计我们今年在税收方面可能再增加百分之七八十，可能要给国家交到 40 多个亿。我们已经对社会负责了。媒体有他们自己的运作规律，我们不要去参与，我们有的员工到网上去辩论，是帮公司的倒忙。

我想，每个员工都要把精力用到本职工作上去，只有本职工作做好了，才能为你带来更大的效益。国家的事由国家管，政府的事由政府管，社会的事由社会管，我们只要做一个遵纪守法的公民，就完成了我们对社会的责任。只有这样，我们公司才能安全、稳定。不管遇到任何问题，我们的员工都要坚定不移地保持安静，听党的话，跟政府走。严格自律，不该说的话不要乱说。特别是干部要管好自己的家属。我们华为人都是非常有礼仪的人。当社会上根本认不出你是华为人的时候，你就是华为人；当社会上认出你是华为人的时候，你就不是华为人，因为你的修炼还不到家。

"沉舟侧畔千帆过，病树前头万木春。"网络股的暴跌，必将对三年后的建设预期产生影响，那时制造业就惯性进入了收缩。眼前的繁荣是前几年网络股大涨的惯性结果。记住一句话"物极必反"，这一场网络设备供应的冬天，也会像它热得人们不理解一样，冷得出奇。那时，谁有棉衣，谁就活下来了。

以创新为核心竞争力 为祖国百年科技振兴而奋斗

——2016年5月30日任正非在全国科技创新大会的发言

从科技的角度来看，未来二三十年人类社会将演变成一个智能社会，其深度和广度我们还想象不到。越是前途不确定，越需要创造，这也给千百万家企业公司提供了千载难逢的机会。我们公司如何去努力前进，面对困难重重，机会危险也重重，不进则退。如果不能扛起重大的社会责任，坚持创新，迟早会被颠覆。

一、大机会时代，一定要有战略耐性

人类社会的发展，都是走在基础科学进步的大道上的。而且基础科学的发展，是要耐得住寂寞的，板凳不仅仅要坐十年冷，有些人，一生寂寞。华为有八万多研发人员，每年研发经费中，约20%～30%用于研究和创新，70%用于产品开发。很早以前我们就将销售收入的10%以上用于研发经费。未来几年，每年的研发经费会逐步提升到100亿美元～200亿美元。

　　华为这些年逐步将能力中心建立到战略资源的聚集地区去。现在华为在世界建立了26个能力中心，逐年在增多，聚集了一批世界级的优秀科学家，他们全流程地引导着公司。这些能力中心自身也在不断地发展中。

　　华为现在的水平尚停留在工程数学、物理算法等工程科学的创新层面，尚未真正进入基础理论研究。随着逐步逼近香农定理、摩尔定律的极限，而对大流量、低时延的理论还未创造出来，华为已感到前途茫茫，找不到方向。华为已前进在迷航中。重大创新是无人区的生存法则，没有理论突破，没有技术突破，没有大量的技术积累，是不可能产生爆发性创新的。

　　华为正在本行业逐步攻入无人区，处在无人领航、无既定规则、无人跟随的困境。华为跟着人跑的"机会主义"高速度，会逐步慢下来，创立引导理论的责任已经到来。

　　华为过去是一个封闭的人才金字塔结构，我们已炸开金字塔尖，开放地吸取"宇宙"能量，加强与全世界科学家的对话与合作，支持同方向科学家的研究，积极地参加各种国际产业与标准组织，各种学术讨论，多与能人喝喝咖啡，从思想的火花中，感知发展方向。有了巨大势能的积累、释放，才有厚积薄发。

　　内部对不确定性的研究、验证，正实行多路径、多梯次的进攻，密集弹药，饱和攻击。蓝军也要实体化。并且，不以成败论英雄。从失败中提取成功的因子，总结、肯定、表扬，使探索持续不断。对未来的探索本来就没有"失败"这个名词。不完美的英雄，也是英雄。鼓舞人们不断地献身科学，不断地探索，使"失败"的人才、经验继续留在我们的队伍里，我们会更成熟。我们要理解歪瓜裂枣，允许黑天鹅在我们的咖啡杯中飞起来。创新本来就有可能成功，也有可能失败。我们也要敢于拥抱颠覆。现在的时代，科技进步太快，不确定性越来越多，我们也会从沉浸在确定性的产品开发工作中，加大对不确定性研究的投入，追赶时代的脚步。我们鼓励我们几十个能力中心的科学家，数万专家与工程师加强交流，思想碰撞，一杯咖啡吸收别人的火花与能量，把战略技术研讨会变成一个"罗马广场"，一个开放的科技讨论平台，让思想的火花燃成熊熊大火。公司要具有理想，就要具有在局部范围内抛弃利益计算的精神。重大创新是很难规划出来的。固守成规是最容易的选择，但也会失去大的机会。

我们不仅仅是以内生为主，外引也要更强。我们的俄罗斯数学家，他们更乐意做更长期、挑战很大的项目，与我们勤奋的中国人结合起来；日本科学家的精细，法国数学家的浪漫，意大利科学家的忘我工作，英国、比利时科学家领导世界的能力……会使我们胸有成竹地在 2020 年销售收入超过1500 亿美元。

二、用最优秀的人去培养更优秀的人

用什么样的价值观就能塑造什么样的一代青年。蓬生麻中，不扶自直。奋斗，创造价值是一代青年的责任与义务。

我们处在互联网时代，青年的思想比较开放，活跃，自由。我们要引导和教育，也要允许一部分人快乐地度过平凡一生。现在华为奋斗在一线的骨干，都是 80 后、90 后，特别是在非洲，中东疫情、战乱地区，阿富汗，也门，叙利亚……80 后、90 后是有希望的一代。近期我们在美国招聘优秀中国留学生（财务），全部都要求去非洲，去艰苦地区。华为的口号是"先学会管理世界，再学会管理公司"。

我们国家百年振兴中国梦的基础在教育，教育的基础在老师。教育要瞄准未来。未来社会是一个智能社会，不是以一般劳动力为中心的社会，没有文化不能驾驭。若这个时期同时发生资本大规模雇佣"智能机器人"，两极分化会更严重。这时，有可能西方制造业重回低成本，产业将转移回西方，我们将空心化。即使我们实现生产、服务过程智能化，需要的也是高级技师、专家、现代农民…… 因此，我们要争夺这个机会，就要大规模地培养人。

今天的孩子，就是二三十年后冲锋的博士、硕士、专家、技师、技工、现代农民…… 代表社会为人类去做出贡献。因此，发展科技的唯一出路在教育，也只有教育。我们要更多关心农村教师与孩子。让教师成为最光荣的职业，成为优秀青年的向往，用最优秀的人去培养更优秀的人。

这次能够在大会上发言，对华为也是一次鼓励和鞭策。我们将认真领会习近平总书记、李克强总理重要讲话和这次大会的精神，进一步加强创新，提升核心竞争力，为祖国百年科技振兴而不懈奋斗。

华为简史

1987 年：华为在深圳创立，成为一家生产用户交换机的香港公司的销售代理。

1989 年：华为自主研发 PBX（程控交换机）。

1990 年：华为自主研发数字交换机。

1991 年：华为申请公司性质变为集体企业，成功研发我国第一个大型数字程控交换机。

1992 年：华为开始研发并推出农村数字交换解决方案。

1993 年：华为推出 2000 门网用大型交换机设备 C&C08 型，并于 9 月成功研制万门交换机。

1994 年：华为实现销售额 8 亿元。

1995 年：华为销售额达 15 亿元，主要来自农村市场，并成立知识产权部与北京研发中心。

1996 年：华为推出综合业务接入网及光网络 SDH 设备，与香港和记黄埔签订合同，为其提供固定网络解决方案，并成立上海研发中心。

1997 年：华为推出无线 GSM 解决方案。

1998 年：华为将主要市场拓展到中国主要城市，研发数字微蜂窝服务器控制交换机，并获得专利，同时成立了南京研发中心。

1999 年：华为销售额首次突破 120 亿元，利润 17 亿元，成立当时世界上最大、最先进的智能网络，成为中国移动全国 CAMEL PHASE II 智能网的主要供应商，并在印度班加罗尔设立研发中心。

2000 年：华为销售额达 220 亿元，利润 26 亿元，纳税 27 亿元，利润在电子百强中居首位。在海外销售额超越 1 亿美元，在美国硅谷和拉达斯设立研发中心，并在瑞典首都斯德哥尔摩也设立了研发中心。当年，任正非被《福布斯》杂志评选为中国富豪第 3 名。

2001 年：华为在美国设立四个研发中心，加入国际电信联盟，10G SDH 系统在德国柏林进行商用，光纤系列产品稳居亚太地区市场份额第 1 名。销售额达 255 亿元。

2002 年：华为海外市场销售额达 5.52 亿美元，为中国移动部署世界上第一个移动模式 WLAN，销售额为 221 亿元，首次出现负增长。

2003 年：华为与 3Com 合作成立合资公司，专注企业数据网络解决方案的研究。同年，思科指其侵犯技术专利权，最终思科撤诉，并承认华为没有侵权。

2004 年：华为与西门子成立合资企业，开发 YD-SCDMA 移动通信技术，并获得荷兰 2500 万美元的网络设备采购合同，首次实现在欧洲的重大突破。

2005 年：华为海外合同销售额首次超过国内合同销售额。

与沃达丰签署《全球框架协议》，成为沃达丰通信设备供应商；并在泰国 CAT 建设全国性 CD-MA2000 的 3G 网络，价值 1.87 亿美元；成为澳大利亚 DSL 的合作商；同时成为英国电信 BT 首选的 21CN 网络供应商；获得在中国生产和销售手机的许可。

2006 年：华为与摩托罗拉合作成立上海研发中心，开发 UMTS 技术，推出新的企业标识，移动软交换用户数突破 1 亿，出货量居全球第一。

2007 年：华为与赛门铁克合作成立合资公司，开发存储和安全产品与解决方案，成为欧洲所有顶级运营商的合作伙伴，被沃达丰授予"2007 杰出表现奖"，是唯一获得此奖项的电信网络解决方案供应商。

2008 年：华为被商业周刊评为"全球十大最有影响力的公司"，在移动设备市场领域排名全球第三名，在全球共递交了 1737 件 PCT 专利申请。

2009 年：华为无线接入市场份额跻身世界第二，获得 IEEE 标准组织 2009 年度杰出公司贡献奖。首次在北美大规模使用 UMTS\HSPA 网络，为加拿大运营商建设下一代无线网络。同时，全球移动宽带产品累计发货量超过 2000 万部，市场份额全球第一。

2010 年：华为成为全球仅次于爱立信的第二大通信设备制造商。在英国成立安全认证中心。加入联合国世界宽带委员会。首次入围世界 500 强企业，也是唯一一家没上市的中国民营公司。

2011 年：华为建设了 20 个云计算数据中心，入选"国家技术创新示范企业"。获得"中国金融业客服中心优秀服务商大奖";在全球范围内囊括 6 大 LTE 顶级大奖。

2012 年：华为在芬兰新建研发中心，在法国和英国成立本地董事会和咨询委员会。发布业界首个 400G DWDM 光传送系统；发布当时全球最薄的智能手机；发布第一款搭载自研的四核移动中央处理器的智能手机，成为国内第一家推出自研手机移动中央处理器的手机厂商，对打破外资企业对手机 CPU 的垄断有重要意义。

2013 年：华为全球财务风险控制中心在英国伦敦成立，推出新一代视频会议产品，并力推视讯平民化，再度发布全球最薄的智能手机，持续领跑全球 LTE 商用部署，进入全球 100 多个首都城市，覆盖 9 大金融中心。

2014 年：华为推出全球最小的运营级路由器，荣获"全球百大品牌排行榜"，这也是中国企业首次登入该榜单。华为超越爱立信，成为全球最大的通信设备商，全年销售额达 2870 亿 ~ 2890 亿元。

2015 年：华为运营商、企业、终端三大业务全球销售额达 3950 亿元，净利润 369 亿元，手机销量超 1 亿台。华为荣耀 7 上市，华为 MATE8 发售，在松山湖基地举办华为手机 1 亿台庆典。

2016 年：华为与爱立信续签全球专利交叉许可协议，确定华为的战略重点是 5G 通信服务，物联网以及虚拟现实三个领域，全国工商发布"中国民营企业 500 强"名单中居首位。

2017 年：华为明确公布云战略，内部发文宣布组织架构调整，云业务部门 Cloud BU 升为一级部门，获得更大的业务自主权，与百度达成全面战略合作关系。

2018 年：华为与音频及媒体技术研究机构 Fraunhofer IIS 签署 MPEG-4 音频专利组合的全球许可协议，与电广传媒共同签署《战略合作协议》，与大庆油田公司在深圳签署战略合作协议，与百度在 5G MEC 领域达成战略合作，推出自动驾驶的移动数据中心，华为技术有限公司重庆两江数字经济产业园管委会、中移物联网有限公司联合打造的重庆两江新区物联网产业协同创新中心挂牌成立。

2019 年：华为云宣布新加坡大区正式开服，计划立足新加坡面向亚太区提供全栈云平台及 AI 能力，与中国电信江苏公司、国网南京供电公司成功完成了业界首个基于真实电网环境的电力切片测试，这也是全球首个基于最新 3GPP 标准 5G SA 网络的电力切片测试，本次测试的成功标志着 5G 深入垂直行业应用进入了一个新阶段，宣布在剑桥城外建设一家可容纳 400 名员工的芯片研发工厂，主要业务是开发用于宽带网络的芯片，2021 年投入运营，任正非签发组织变动文件，标志华为正式成立智能汽车解决方案 BU，隶属于 ICT 管理委员会。

参考书目

[1] 程东升、朱月容：《任正非如是说》，浙江大学出版社 2008
 年版。

[2] 赵凡禹、燕君：《任正非正传》，华中科技大学出版社 2010
 年版。

[3] 周君藏：《任正非这个人》，中信出版社 2011 年版。

[4] 程东升、刘丽丽：《华为三十年：从"土狼"到"狮子"
 的生死蜕变》，贵州人民出版社 2016 年版。

[5] 华牧：《创华为：任正非传》，华文出版社 2016 年版。

[6] 黄志伟：《华为管理法：任正非的企业管理心得》，古吴轩
 出版社 2017 年版。

[7] 成正心：《以奋斗者为本：任正非引领华为的方法和故事》，
 电子工业出版社 2018 年版。

[8] 李洪文：《任正非：九死一生的坚持》，中国言实出版社
 2018 年版。

[9] 陈昱：《华为方法论：任正非成就华为帝国的管理哲学》，
 中国纺织出版社 2018 年版。

图书在版编目（CIP）数据

华为为什么能 / 张绛著. —北京 : 北京时代华文书局，2021.9
ISBN 978-7-5699-4375-7

Ⅰ. ① 华… Ⅱ. ① 张… Ⅲ. ① 通信企业－企业管理－
经验－深圳 Ⅳ. ① F632.765.3

中国版本图书馆CIP数据核字(2021)第173066号

华 为 为 什 么 能
HUAWEI WEISHENME NENG

著　　者｜张　绛

出 版 人｜陈　涛
策划监制｜小马BOOK
责任编辑｜张超峰
特约编辑｜青　橙　黎福安
责任校对｜刘晶晶
装帧设计｜琥珀视觉
内文制作｜刘龄蔓
责任印制｜訾　敬

出版发行｜北京时代华文书局 http://www.bjsdsj.com.cn
　　　　　北京市东城区安定门外大街 138 号皇城国际大厦 A 座 8 楼
　　　　　邮编：100011　电话：010-64267120　64267397
印　　刷｜河北京平诚乾印刷有限公司　　电话：010-60247905
　　　　　（如发现印装质量问题，请与印刷厂联系调换）
开　　本｜787mm×1092mm　1/32　印　张｜8.5　字　数｜184千字
版　　次｜2021年10月第1版　　印　次｜2021年10月第1次印刷
书　　号｜ISBN 978-7-5699-4375-7
定　　价｜49.80 元